KB266552

세상에서 가장 쓸모 있는

석혜원 글 신병근 그림

풀빛

경제학 2

경제 문해력을 키워 내 삶을 바꾸는 첫걸음

경제학을 알고
세상을 이해하는 힘을 기르자!

《세상에서 가장 쓸모 있는 경제학》에 이어 다시 만나게 되어 반갑습니다. 이제 외계인의 언어처럼 느껴지던 경제 용어와 일상 속 경제 현상을 이해하게 되었나요? 왜 경제를 알아야 하는지 감은 잡았지만, 여전히 경제는 어렵고 멀게 느껴진다고요? 걱정하지 말아요. 차근차근 더 많은 경제학자의 생각과 이론을 접하다 보면, 나도 모르는 사이에 경제가 훨씬 가까워질 거예요.

경제학자이자 경제정책 전문가로 활동했던 벤 버냉키의 일화를 들어 볼래요? 2022년 노벨경제학상은 '은행과 금융 위기에 관한 연구'로 벤 버냉키 전 미국 연방준비제도 의장, 더글러스 다이아몬드 시카고대학 교수, 필립 딥비그 세인트루이스 워싱턴대학 교수에게 공동으로 주어졌습니다. 세계적으로 높은 물가 상승과 금리 인상, 금융시장 불안이 심각했던 시기여서 수상자 선정은 적절하다는 평가를 받았어요. 누구나 공로를 인정했던 두 교수는 특히 뱅크런(대규모 예금 인출 사태)으로 은행이 붕괴하면 금융 위기로 이어지게 되는 과정을 '다이아몬드-딥비그 모형'으로 만들어, 금융정책과 시스템 설계에 과학적 근거를 제공했지요.

반면, 벤 버냉키에 대한 평가는 엇갈렸지요. 그는 약 23년 동안 경제학 교수로 재직한 뒤 2000년대 초부터 연방준비제도와 백악관에서 경제정책 전문가로 활동했습니다. 대공황 연구를 통해 금융 안정의 중요성을 밝혀낸 학문적 업적은 인정하지만, 연준 의장으로서 다룬 경제정책에 대해서는 비판이 있었습니다. 일부는 버냉키가 연준 의장이 되고 나서 초저금리 정책을 유지하고, 부동산 거품에 대한 경고를 무시하여 2008년 금융 위기가 커졌다고 주장했어요. 그러면서 위기를 만든 사람이 위기 연구로 노벨경제학상을 받는 것이 적절한지 의문을 제기했지요. 또한 금융회사에 대한 대규모 구제금융이 도덕적 해이를 초래하고 자산 시장의 거품과 부의 불평등을 심화시켰다고 비난했습니다.

반대로 그의 수상을 긍정적으로 평가한 사람들은, 버냉키가 은행이 붕괴되면 경제 전체가 위험해질 수 있다는 점을 인식하고 신속히 대규모 유동성을 공급해 제2의 대공황을 막고 세상을 구했다고 추켜세웠습니다. 연준 의장 초기에 위기를 과소평가한 것은 당시 정보로는 예측하기 어려웠던 상황이었다고 감싸기도 했고요.

버냉키는 자신의 정책을 비판하는 사람에게 이렇게 말했습니다.

"모든 정책은 대가를 수반합니다. 다만 아무것도 하지 않는 대가는 더 컸을 것입니다."

자신을 칭송한 사람에게는 이렇게 말했어요.

"저는 세상을 구하려고 연구한 게 아닙니다. 단지, 사람들이 고통받지 않는 세상을 만들고 싶었을 뿐입니다."

또 그는 이런 말도 남겼습니다.

"세상을 이해하고 싶었다. 경제학은 그 방법 중 하나였다."

경제 현상은 매우 복잡하고 실험이 어려워 절대 변하지 않는 경제 이론은 존재하지 않습니다. 또한 이러한 이론을 바탕으로 한 경제정책에 대한 선호는 각자의 이해관계에 따라 달라지기 때문에 경제학자에 대한 평가도 엇갈릴 때가 많아요. 그렇지만 경제학자들이 연구에 임하는 진심은 언제나 변함이 없습니다. 칭송과 비판을 동시에 받으며 버냉키가 조용히 내놓은 말에는 이런 진심이 담겨 있지요.

경제학자는 사람들이 더 나은 선택을 하고 사회가 더 잘 작동하도록 돕기 위해 경제학을 연구합니다. 세상을 논리와 데이터로 이해하고 그 속에서 얻은 정보를 정리해 경제정책을 세우는 데 기여하지요. 미래를 정확히 예측할 수는 없지만, 어떤 변화가 일어날 수 있는지 가능성을 제시하고, 사회가 더 공정하고 지속 가능하도록 다양한 문제를 제기하기도 합니다. 알고 보니 경제학자는 참 고마운 사람이지요?

이처럼 사회를 더 나은 방향으로 움직이기 위한 고민이 지속되면서 경제학의 연구 방식도 끊임없이 발전해 왔습니다. 초기 경제학자들은 경제 현상을 철학적·정치적 시각으로 관찰하며 설명했지만, 이후로는 경제를 수학적 모델로 체계화하려는 시도가 이루어졌어요. 더 나아가 이론을 통계로 검증하거나 현실에 가까운 실험 환경을 찾아 원인과 결과를 밝히려는 연구도 활발해졌습니다. 또한 현실을 더 정확하게 이해하기 위해 심리학·사회학·환경학 등 다른 사회과학이 다루던 주제들을 경제학적 방법으로 탐구하는 흐름도 이어졌고요. 예를 들어 인간의 비합리적 선택을 설명하는 행동경제학이나 환경문제를 다루는 환경경제학이 대표적입니다.

덕분에 경제학 이론은 점점 정교해지고 현실과 한층 가까워졌어요. 그래서 경제학을 알면 빠르게 변하는 세상을 이해하는 힘을 기를 수 있답니다. 그러니 우리도 경제학과 조금 더 친해져 볼까요? 세상을 바라보는 눈이 한층 넓어질 거예요.

2026년 4월

석혜원

차례

•**시작하며** 경제학을 알고 세상을 이해하는 힘을 기르자! **4**

1장

경제학, 분석과 검증을 통해 이론을 발전시킨다

✦80:20의 법칙이 뭐야? **빌프레도 파레토** **12**

✦초기 자본주의를 발전시킨 원동력은? **막스 베버** **21**

✦소비는 경제를 살리는 윤활유? **존 메이너드 케인스** **29**

✦유류세는 착한 세금일까? **아서 세실 피구** **39**

✦창조적 파괴가 경제 발전을 이끈다? **조지프 슘페터** **47**

✦이윤은 불확실성을 감수한 대가이다? **프랭크 나이트** **55**

✦경제 상황을 한눈에 알 수 있다고? **사이먼 쿠즈네츠** **61**

✦물가 상승률과 실업률의 연관성은? **윌리엄 필립스** **71**

2장

경제학, 거꾸로 조명하고 새로운 분석을 제시한다

✦ 정부가 민간 소비와 기업 투자를 밀어낸다? 밀턴 프리드먼　**80**

✦ 정부와 의회는 이익집단에 사로잡혔다? 조지 스티글러　**87**

✦ 정부 개입 없이 외부효과를 해결한다? 로널드 해리 코스　**94**

✦ 사람에 대한 교육과 훈련은 투자다? 게리 베커　**103**

✦ 세율을 낮추면 일할 의욕이 생긴다? 아서 래퍼　**110**

✦ 정부의 정책은 전혀 쓸모없다? 로버트 루카스　**119**

3장

경제학, 더 나은 세상을 위한 연구는 계속된다

✦ 성장을 멈추고 균형을 유지하라? 허먼 데일리　**128**

✦ 왜 중고차 시장에는 내가 살 만한 차가 없을까? 조지 애컬로프　**136**

✦ 불평등은 정치와 정책의 결과였다? 토마 피케티　**143**

✦ 시장 개방이 개발도상국에 도움이 될까? 장하준　**154**

✦ 빈곤은 무지와 게으름의 문제가 아니다?　**163**

아비지트 배너지 & 에스테르 뒤플로

・소개된 책들의 원서명　**171**

・소개된 논문의 원제목　**173**

・《세상에서 가장 쓸모 있는 경제학》에 소개된 경제학자들과 경제이론　**174**

1장

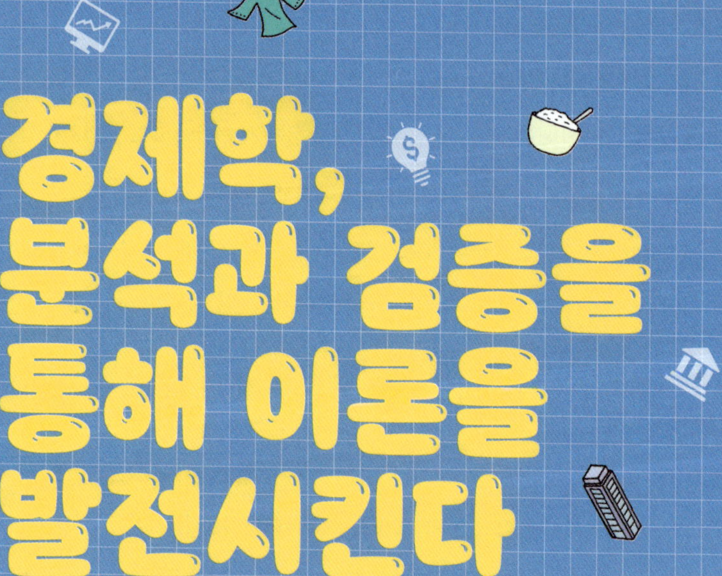

경제학, 분석과 검증을 통해 이론을 발전시킨다

★ 80:20의 법칙이 뭐야?
― 빌프레도 파레토

★ 초기 자본주의를 발전시킨 원동력은?
― 막스 베버

★ 소비는 경제를 살리는 윤활유?
― 존 메이너드 케인스

★ 유류세는 착한 세금일까?
― 아서 세실 피구

★ 창조적 파괴가 경제 발전을 이끈다?
― 조지프 슘페터

★ 이윤은 불확실성을 감수한 대가이다?
― 프랭크 나이트

★ 경제 상황을 한눈에 알 수 있다고?
― 사이먼 쿠즈네츠

★ 물가 상승률과 실업률의 연관성은?
― 윌리엄 필립스

80:20의
법칙이 뭐야?

Vilfredo Pareto

빌프레도 파레토

1848~1923

왜 VIP 고객을 우대할까? 

은행 창구에서 일을 처리하려면 번호표를 뽑고 순서를 기다려야 해. 그런데 VIP 고객들은 번호표를 뽑지 않고 바로 직원의 응대를 받아. 그것도 특별히 마련된 공간에서. 은행뿐만 아니라 백화점이나 호텔에도 VIP 제도가 있어. VIP 제도는 '80:20 법칙'을 활용하여 만들어졌어.

'80:20 법칙'은 전체 결과의 약 80%가 전체 원인의 20%에서 비롯된다는 원리야. 상위 20%의 사람들이 전체 부의 80%를 가지고 있다거나 전체 매출의 80%는 상위 20% 고객에게서 나오는 현상을 말하지. 80과 20은 숫자 자체를 뜻하는 건 아니고 소수(20)의 중요한 요인이 대부분(80)의 결과를 만든다는 걸 의미해. 이 법칙을 활용하면 충성도가 높은 고객에게 초점을 맞춘 서비스를 제공해야 더 효율적으로 매출을 올릴 수 있겠지? 그래서 VIP 고객을 우대하는 제도를 만든 거야.

'**80:20 법칙**'은 1940년대 미국의 품질경영 전문가였던 조셉 주란(Joseph M. Juran)이 품질경영의 핵심 원리로 적용하면서 널리 알려졌어. 그런데 '80:20 법칙'을 '**파레토의 법칙**'이라고도 해. 이 법칙이 이탈리아의 경제학자 빌프레도 파레토가 고안한 파레토 분포를 바탕으로 만들어졌기 때문이야. 파레토 분포는 소수의 사람이 대부분의 부(또는 소득)를 차지하는 현상을 수학적으로 표현한 확률분포야.

빌프레도 파레토는 1848년에 파리에서 이틸리아 출신 아버지와 프랑스인 어머니 사이에서 태어났어. 그는 레옹 발라보다도 더 늦은 나이에 경제학자의 길로 들어섰어. 1869년 토리노기술학교(지금의 이탈리아 토리노공과대학교)에서 공학 박사학위를 받은 후 오랜 기간 토목 엔지니어로 일했거든. 그러다가 1886년에 피렌체대학에서 경제학을 가르치게 되었어. 경제학 학위는 없었지만, 산업 현장 경험과 글이나 논쟁으로 증명된 경제학적 소양이 경제학을 가르치기에 충분하다는 평가를 받았거든. 1893년에는 레옹 발라의 뒤를 이어 스위스 로잔대학교의 경제학 교수가 되었지.

어느 날 파레토는 밭에서 다 자란 완두콩을 거두어들이다가 콩깍지 속에 들어 있는 완두콩의 수가 일정하지 않은 걸 깨닫게 되었어. 호기심이 생겨서 세어 보았더니 완두콩 20%에서 80%의 수확이 나오는 거야. 이 사실에서 아이디어를 얻어 그는 이탈리아 사람들이 가진 부의 분포를 분석해 봤어. 놀랍게도 이탈리아 인구의 20%가 이탈리아 부의 80%를 소유하고 있었어.

1906년 이런 사실을 그래프로 그렸더니 X축 왼쪽 20%가 Y축

　1장 경제학, 분석과 검증을 통해 이론을 발전시킨다

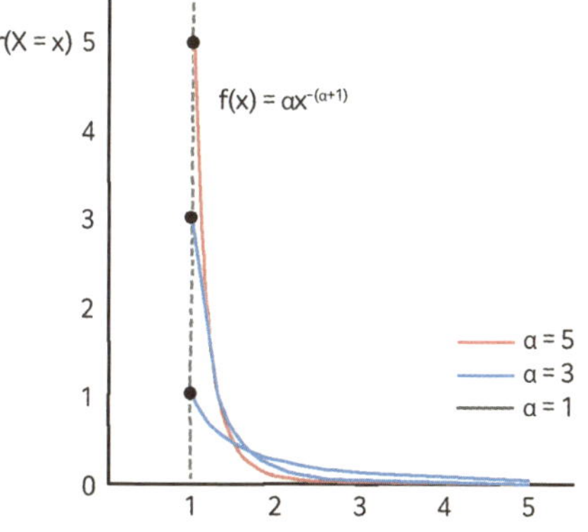

| 파레토 분포(출처: 위키미디어커먼스) |

80%를 차지하고, X축 오른쪽 80%가 Y축 20%를 차지하는 그래프가 만들어졌지. 이를 파레토 분포라고 해. 그는 누가 얼마나 많은 소득을 올리는지를 나타내는 소득 분포도 파레토 분포를 사용하여 설명했어.

효용의 크기는 비교할 수 있다

빌프레도 파레토의 큰 업적 중 하나는 '한계효용 이론'을 더 발전시켜서 **무차별 곡선 이론**을 만든 거야. 카를 멩거, 윌리엄 스탠리 제번스, 레옹 발라 등 한계효용 이론을 연구했던 경제학자들은 재화나 서비스를 소비할 때 느끼는 만족도인 효용을 측정할 수 있다고 했어. 뒤이어 소비자의 효용을 연구했던 파레토의 견해는 달랐어. 주관적 효용을 측정하여 이를 숫자로 나타내는 일은 불가능하다고 생각했지. 그렇지만 실제로 시장에서 이루어지는 소비자의 선택을 관찰하면 한 재화의 효용이 다른 재화의 효용보다 큰지 작은지는 알 수 있다고 판단했어.

무슨 말인지 도통 모르겠어? 차근차근 설명할 테니 우선 이런 판단을 근거로 무차별 곡선 이론이 만들어졌다는 것만 기억해.

♦ 《세상에서 가장 쓸모 있는 경제학》, 석혜원, 풀빛, 2024, 66~71쪽 참조

	키위	사과
A	1	12
B	2	6
C	3	4
D	4	3
E	6	2

내가 키위와 사과를 사러 시장에 간다고 하자. 먼저 키위와 사과를 사고 느끼는 효용이 같아지는 배합을 표로 만들었어.

이제 키위를 X축, 사과를 Y축에 놓고, 이 배합을 점으로 표시한 후 이를 서로 연결할 거야. 원점에 대해 볼록하고 오른쪽으로 갈수록 내려가는 모양의 곡선이 만들어졌지? 이처럼 2개의 재화나 서비스를 살 때 같은 정도의 효용을 주는 배합을 연결한 곡선을

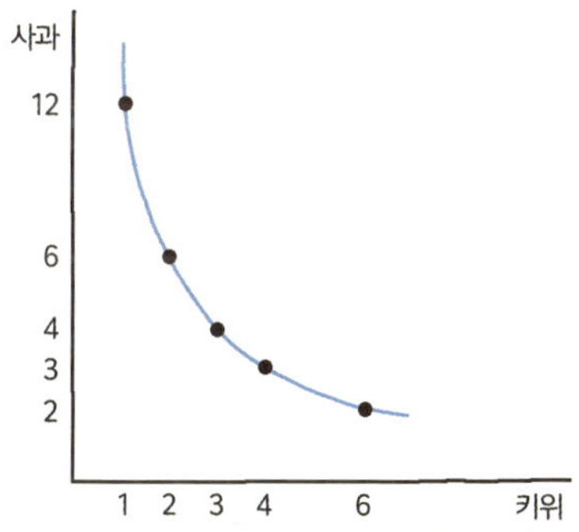

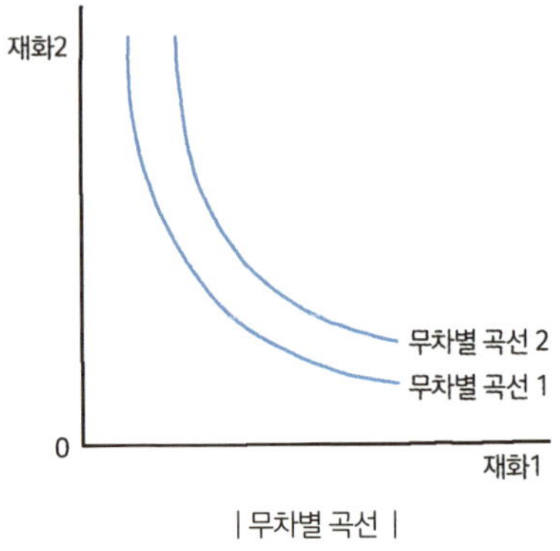

| 무차별 곡선 |

무차별 곡선이라고 해.

무차별 곡선은 원점에서 멀어질수록 효용이 커져. 무차별 곡선 1과 2를 비교하면 무차별 곡선 2의 효용이 무차별 곡선 1의 효용보다 크지. 서로 다른 크기의 효용을 나타내는 무차별 곡선은 만날 수 없어. 그러니까 2개의 무차별 곡선이 교차하는 일은 일어나지 않아.

소비자는 언제나 주어진 예산 범위에서 가장 큰 효용을 얻는 배합을 선택해. 키위와 사과를 사기 위한 나의 예산선을 직선 AB라고 하자. 나는 무차별 곡선의 점 1, 2, 3 중 어떤 점을 택해야 할까? 점1과 점3은 나의 예산선을 벗어났어. 그러니까 최적의 선택은 예산선과 무차별 곡선이 만나는 점2, 즉 키위 3개와 사과 4개를 사는 것이야.

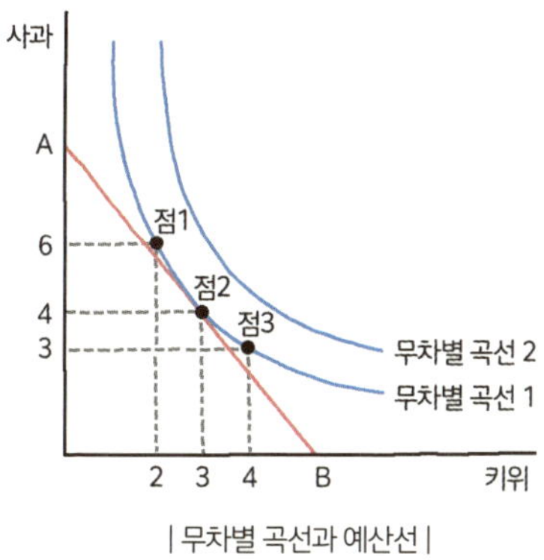

| 무차별 곡선과 예산선 |

　파레토의 무차별 곡선 이론은 사람들에게 주관적인 소비자의 효용이 객관적 가치인 가격으로 어떻게 연결되는지를 확실하게 알려 주었어. 그는 희소한 자원을 효율적으로 분배하는 일에도 관심이 컸단다. 국민경제 전체를 놓고 볼 때 자원이 가장 최적으로 배분되는 상태를 **파레토 최적** 또는 **파레토 효율**이라고 해. 파레토 최적에서는 어떤 사람의 효용을 증가시키려면 반드시 다른 사람의 효용을 감소시켜야만 해.

80:20 법칙 vs 롱테일 법칙

전체 매출의 80%는 상위 20%의 고객에게서 나온다는 사실을 바탕으로 만들어졌던 80:20 법칙은 오랜 기간 마케팅 기법으로 활용되었다. 그런데 인터넷 시대가 되면서 80:20 법칙 대신 **롱테일(long tail) 법칙**이 주목받게 되었다.

롱테일은 2004년 인터넷 비즈니스 잡지 〈와이어드(Wired)〉에 처음 등장한 말이다. 이 잡지의 편집장 크리스 앤더슨(Chris Anderson)은 파레토 분포를 이용하여 롱테일 법칙을 설명했다. 그는 파레토 분포에서 매출의 80%를 담당하는 상위 20%의 제품을 머리(head)로, 매출의 20%를 담당하는 하위 80%의 제품을 꼬리(tail)라고 했다. 말하자면 머리는 히트 상품이고, 꼬리는 다수의 틈새 상품을 뜻한다.

진열 공간이 제한된 오프라인 시장에서는 눈에 잘 띄는 곳에 히트 상품을 진열했고, 다수의 틈새 상품은 뒤로 밀려나거나 아예 진열할 수 없었다. 그러나 진열 공간의 제약이 없는 온라인 시장에서는 소비자가 상품을 검색해 구매한다. 그러면서 히트 상품의 매출은 줄어들고, 다수의 틈새 상품의 매출이 늘어났다. 롱테일 법칙은 환경의 변화로 다수의 틈새 상품, 즉 꼬리에 해당하는 상품의 매출이 기업 이익에 더 크게 기여하게 된 현상을 말한다. 롱테일 법칙이 주목받으면서 대량생산·대량소비 사회는 다품종 소량생산·소량소비 사회로 나아가고 있다.

초기 자본주의를 발전시킨 원동력은?

Max Weber

막스 베버

1864~1920

난 경제의 역사를 엿볼 수 있는 그림을 좋아해. 함께 그림을 감상해 볼래?

1514년 플랑드르 미술가 쿠엔틴 마세이스(Quentin Massys, 1465~1530)가 그린 〈환전상과 그의 아내(The Money Changer and

| 환전상과 그의 아내(출처: 위키미디어커먼스) |

His Wife)〉라는 그림이야. 요즘은 벨기에 북해 연안의 저지대를 플랑드르라고 하지. 그런데 이 그림이 그려진 시기의 플랑드르는 네덜란드 남부에서 프랑스의 북동부 일대를 일컫는 넓은 지역이었어. 유럽에서 모직공업이 가장 발달했던 곳이야. 북유럽과 지중해, 영국과 서유럽을 이어 주는 교통의 중심지라 무역도 활발하게 이루어졌고. 그래서 이곳에는 서로 다른 화폐를 교환해 주는 환전업자가 많았지. 이들은 돈을 빌려주는 일도 함께했어.

그림 속 환전업자는 동전의 무게를 재면서 돈을 세고 있어. 아내는 성경책을 펼쳐 놓고 이를 지켜보고 있고. 아내는 왜 성경책 읽기를 멈추고 남편이 돈 세는 걸 보고 있을까? 그림을 소장한 루브르 박물관에서는 아내의 눈길이 성경책이 아닌 돈으로 쏠려 있어서 신앙을 등지고 돈에 눈이 멀어 버린 신흥 부자를 풍자했다고 설명해.

그렇지만 다르게 해석하기도 해. 인물의 표정이 진지하고, 돈과 함께 성경책이 그려져 있잖아. 원래 그림틀에는 '저울은 정확하고 무게는 같아야 하리라'는 글귀가 있었대. 그래서 이 그림을 성경의 〈레위기〉 19장 35~37절을 바탕으로 그려진 그림이라고 추측하는 거야. 그림 위쪽 선반 위의 물병과 묵주는 깨끗함과 순수함을, 사과는 원죄를, 꺼진 촛불은 덧없는 시간을 암시한다고 보지.

성경책 옆에 놓인 볼록거울에는 스테인드글라스와 십자가형 창틀이 달린 창문 옆에서 책을 읽는 남자가 그려져 있어. 그의 손이 예배당이 보이는 창밖을 향한 것은 신앙심을 돈독하게 하려는 노력을 뜻한다고 보고. 이런 점들을 고려해서 이 그림에는 돈을 귀하게 여기지만 돈에 대한 탐욕을 경계하는 경제관이 깃들었다고 해석해.

어떤 해석이 더 마음에 들어? 나는 화가의 메시지를 '경제활동과 신앙생활의 조화'라고 생각했어. 그림을 보면서 막스 베버가 '프로테스탄트 종교 윤리가 자본주의를 발전시킨 원동력'이라고 했던 말이 떠올랐거든.

1864년 독일 중부의 작은 도시 에르푸르트에서 태어난 막스 베버는 어린 시절에 독서와 글쓰기를 아주 좋아했어. 1889년 베를린대학에서 〈중세 상업 사회의 역사〉라는 논문으로 박사학위를 받고, 1892년 베를린대학에서 강의하게 되었지. 1893년에 프라이부르크대학의 경제학 교수가 되었고, 1896년에 하이델베르크 대학으로 자리를 옮겼어. 그런데 이듬해부터 질병에 시달리다가 1903년 결국 교수직을 사퇴해. 이후 집필에만 열중하여 사회과학 학술지에 논문을 발표했어. 학술지에 실렸던 논문 두 편을 바탕으로 《프로테스탄트 윤리와 자본주의 정신》(1920년)이 출간되었고

이는 여러 언어로 번역되었어. 그리고 자본주의의 발생과 발전을 다루는 귀중한 고전으로 자리 잡았지. 우스갯소리로 고전이란 누구나 알지만 아무도 읽지 않는 책이라고 해. 그런데 20세기 가장 중요한 저술 중 하나로 꼽히는 이 책은 아직도 사람들이 읽어.

자본주의 발달의 원동력은? 

베버는 자본가와 기업가들, 특히 근대 기업의 숙련된 상급 노동자와 관리자 대부분이 프로테스탄트라는 사실을 알고 질문을 던졌지. "프로테스탄트의 신앙과 직업 사이에 무슨 연관성이 있는 걸까?" 프로테스탄트는 타락한 로마 가톨릭교회에 저항하여 종교개혁을 통해 새로이 세워진 교회와 신교도를 말해. 베버는 프로테스탄트 신앙을 가졌던 신교도가 많이 살았던 지역은 다른 지역보다 먼저 자본주의가 발전했다는 점에 주목했어. 그리고 프로테스탄트와 경제 발전 사이에 연관이 있는지 밝히려고 프로테스탄트의 특성을 살펴보았지.

프로테스탄트는 자신들이 믿는 종교 윤리에 따라 자신이 아닌 신의 영광을 위해 열심히 돈을 벌었고, 신이 내린 재능을 발휘하기 위해 사업에 열중했어. 신의 은총을 구하면서 타락과 세속으로

부터 자신을 지켰지. 베버는 이들이 내세의 축복을 구하면서 현세에서는 금욕적인 생활을 실천한다는 공통점을 찾아냈어. 예정설을 믿으며 신에게 선택받았다는 확신을 가지고 신을 기쁘게 하는 일에 힘썼고, 현실에서 자신의 소명을 실천하는 데 충실했던 점도 눈여겨보았고.

자본주의 발전의 원동력

　그래서 **프로테스탄트 윤리**가 향락, 방탕, 낭비를 절제하고 최선을 다해 일하여 재산을 축적하게 만든 바탕이었다고 보았어. 직업은 신이 내린 것이라고 보고 최선을 다해 일하려는 사고와 태도가 자본주의 정신을 키웠다고 확신했지. 베버는 종교개혁으로 싹튼 근검절약 정신과 자기 절제의 윤리를 지닌 상공업자들이 시민계급으로 성장하며 자본주의 발전을 이끌었다고 분석했어. 프로테스탄트 중에서도 특히 칼뱅파 신교도들이 종교 윤리에 따라 기업을 세우고 무역에 종사하며 자본 축적에 앞장섰어. 이렇게 축적된 자본이 자본주의가 싹트는 기반이 되었다고 본 거야.

　베버는 기술혁신으로 사람들의 일상생활을 편리하게 해 주는 물건들이 속속 발명되었던 시대를 살았어. 공장에서는 기계를 이용한 대량생산이 이루어졌고, 사람들은 '필요'가 아니라 남들에게 자기가 가진 걸 자랑하는 과시적 소비를 좋아했지. 신앙보다는 물질을 중요하게 여겼던 분위기가 넘쳐났던 시기였어. 개인과 기업이 경제활동을 하면서 가장 바라는 것은 신의 은총이 아니라 큰돈을 버는 것이었으니까. 프로테스탄트 윤리가 자본주의 정신과 작별을 고했고, 자본이 곧 신앙이 되어 버린 세상에서 베버는 이 책을 쓰면서 무슨 생각을 했을까? 난 프로테스탄트 윤리가 되살아나기를 바랐을 것 같아.

자본주의의 시작

자본주의는 개인이 재산을 소유하는 사유재산 제도에 바탕을 두고, 이윤 추구를 목적으로 생산이 이루어지며, 모든 경제활동을 자본이 지배하는 체제이다. 말하자면 자본주의 경제의 가장 중요한 요소는 자본이다.

16~18세기 유럽에서는 봉건제가 붕괴하고 자본주의의 기반이 만들어지기 시작했다. 절대왕정의 국왕들은 강력한 왕권을 유지하기 위한 자금을 마련하려고 상업과 금융업에 종사하는 신흥 시민계급과 손을 잡았다. 국왕은 이들에게 사업 독점권, 특허권, 보조금과 같은 특혜를 주었고, 이런 특혜를 받은 상공인들은 더 큰 돈을 벌게 되었다. 자본을 축적한 시민들의 힘은 국왕에 대항할 정도로 커졌다. 이들이 자본력을 바탕으로 경제활동의 규모를 점점 키우면서 자본주의가 시작되었다.

자본주의가 생긴 배경을 다르게 보는 시각도 있지만, 이런 과정을 거치면서 자본주의의 기반이 마련되었다고 보는 의견이 가장 많다.

유럽에서 자본주의가 싹트고 18세기 영국에서 산업혁명이 일어나며 기계에 의한 생산의 시대가 열렸다. 농업이 중심이었던 사회는 공업 중심 사회로 바뀌었고, 자본과 이윤을 중요하게 여기는 자본주의도 널리 퍼지게 되었다.

소비는 경제를 살리는 윤활유?

John Maynard Keynes

존 메이너드 케인스

1883~1946

미래를 위해 소비를 줄이고 저축하는 것은 개인에게는 미덕이야. 그런데 왜 정부에서는 불황기에 접어들면 경제를 살린다고 하면서 소비를 부추기는 걸까? 1929년 대공황 탈출의 처방으로 역설했던 '소비는 경제를 살리는 윤활유'라는 케인스의 영향 때문이야. 다급하면 소비를 살리기 위해 지역사랑 상품권이나 소비 쿠폰을 지급하잖아. 공공사업을 벌이기도 하고 세금을 줄여서 소비를 더 할 수 있는 여건을 만들기도 해. 승수효과가 일어나서 경제가 빨리 회복하기를 바라는 거지.

케인스의 **승수이론**은 정부 지출이나 투자 등 총수요의 변화가 국민소득을 몇 배로 커지게 하는지를 설명하는 이론이야. 케인스는 경제가 불황일 때, 정부가 지출을 늘리거나 세금을 줄이면 유효수요의 증가는 1:1의 비율로 이루어지는 게 아니라 **승수효과**가 일어나 기하급수적으로 커진다고 했어.

사람들은 새로운 소득이 생기면 일부는 소비하고 일부는 저축해. 이를 식으로 나타내 볼래?

그렇지. '소득 = 소비 + 저축'이야.

승수효과를 이해하려면 우선 **한계소비성향**과 **한계저축성향**을 알아야 해. 한계소비성향이란 새로 늘어난 소득에서 소비로 지출되는 비율이고, 한계저축성향은 새로 늘어난 소득에서 저축하는 비율이야. 100만 원의 소득이 새로 생겼는데, 80만 원은 소비하고 20만 원은 저축한다고 하자. 이 경우 한계소비성향은 80만 원/100만 원＝0.8이고, 한계저축성향은 20만 원/100만 원＝0.2야. 한계소비성향과 한계저축성향의 합은 언제나 1이지.

케인스는 승수효과가 일어나는 이유를 이렇게 설명했어. 한 사람이 새로운 소득 100만 원 중 80만 원을 소비하면, 다른 사람의 새로운 소득 80만 원이 생기는 게 되고, 이 80만 원은 다시 64만

새로운 소득 (만 원)	늘어나는 소비 (만 원)
100	80
80	64
64	51.2
51.2	40.96
40.96	32.768
32.768	26.2144
26.2144	20.97152
20.97152	16.777216
16.777216	13.4217728
13.4217728	10.73741824

원의 소비를 일으킨다는 거지. 이런 일이 반복되는 걸 앞의 표에서 확인할 수 있지?

케인스는 이런 일이 끝없이 반복되어 늘어나는 소비의 총 합은 500만 원이라고 했어. 승수효과의 합을 쉽게 계산할 수 있도록 승수를 구하는 식도 만들었지.

$$\frac{1}{1-\text{한계소비성향}} \quad \text{또는} \quad \frac{1}{\text{한계저축성향}}$$

이를 활용하면 한계소비성향이 0.8이고, 한계저축성향이 0.2라면 승수는 1/0.2로 5라는 걸 바로 알 수 있어. 예를 들어 어느 지방 자치단체가 1억 원의 예산을 들여 마을 벽화 그리기 사업을 하는데, 참여한 사람들은 받은 돈의 80%를 소비한다고 하자. 이 경우의 승수는 5이므로 공공 지출 1억 원이 일으키게 될 소비의 합계는 5억 원이 된다는 거지.

만약 한계소비성향이 0.9이고, 한계저축성향이 0.1이라면 승수효과는 10이야. 이처럼 한계소비성향이 클수록 승수효과는 커져. 그런데 공공 지출을 할 때 서민들의 소비를 늘리는 정책을 펴는 경우가 많아. 부자보다는 가난한 사람의 한계소비성향이 더 높아서 승수효과가 더 커지거든.

케인스는 예술 분야에도 관심이 커서 케임브리지 예술극단의 설립자, 국립 미술관의 이사, 로열 오페라하우스의 대표이사로도 활동했어. 재무성의 관료와 기업의 최고경영자로도 일했고. 재테크에 능해서 주식 투자도 잘했지. 케인스가 교환 기능에만 집중되어 있었던 화폐 연구의 영역을 넓혀서 **유동성 선호 이론**(liquidity preference theory)을 찾아낸 것은 이처럼 다양한 경험을 통해 경제 현상을 폭넓게 보는 능력을 얻었기 때문이라고 봐. 유동성 선호 이론은 사람들이 자산 중 일부는 유동성을 가진 현금으로 가지고 있는 걸 좋아하고, 현금을 보유하는 비중은 이자율로 결정된다는 이론이야. 케인스의 대표작인《고용, 이자 및 화폐에 관한 일반 이론》(1936년)에서 제시되었어.

케인스는 사람들이 아무런 수익을 얻을 수 없는데도 투자를 하지 않고 그냥 화폐를 가지고 있으려고 하는지 의문이 생겼어. 그리고 연구를 통해 화폐를 가지고 있으려는 동기를 찾아내 이를 세 가지로 나누어 설명했지.

첫째, 일상적인 경제활동을 위해 일정한 액수의 현금을 보유한다. (거래 동기)

✫ 유동성 선호 이론 ✫

거래 동기
밥도 먹고, 옷도 사고, 일상생활을 해야지.
예비 동기
무슨 일이 일어날지 모르니 돈을 모아 두자.
투기 동기
주식 가격이 내려갈 게 분명해. 더 싸게 살 때까지 기다리자.
존 메이너드 케인스 →
사람들이 현금을 그냥 가지고 있는 이유는 세 가지야.
50,000

둘째, 나중에 생길 수 있는 갑작스러운 지출에 대비하려고 한다. (예비 동기)

셋째, 현금을 지니는 것이 당장 투자하는 것보다 이익이라고 판단한다. (투기 동기)

'거래 동기'와 '예비 동기'는 무얼 뜻하는지 알 것 같다고? 그럼 그냥 넘어가고 '투기 동기'만 설명해 줄게. 내가 주식 투자를 하기 위해 열심히 종잣돈을 모았어. 관심을 가지고 지켜보았던 주식의 가격이 적당한 수준이고 앞으로 올라갈 거라고 예상한다면 바로 주식을 살 거야. 반대로 주가가 더 내려갈 거라고 예상한다면? 나중에 더 낮은 가격으로 살 수 있으니 당장 주식을 사지 않고, 그냥 돈을 가지고 있으면서 적당한 가격이 될 때까지 기다릴 거야. 이런 걸 투기 동기라고 해.

케인스는 거래 동기와 예비 동기에 따른 화폐 수요는 총소득 수준에 따라서 결정되지만, 투기 동기에 의한 화폐 수요는 이자율 즉 금리에 따라서 결정된다고 보았어. 금리가 내려가면 화폐 수요가 늘고, 금리가 올라가면 화폐 수요가 줄어든다는 걸 밝혀낸 거지. 금리가 내려가면 기업의 투자는 늘고, 금리가 올라가면 기업의 투자는 줄어. 이처럼 금리에 따라 화폐 수요가 변하고, 기업의 투자가 결정된다는 것이 바로 유동성 선호 이론의 핵심이야.

돈이 돌지 않는다고?

농담이지만 돈은 돌고 도는 성질을 가져서 '돈'이라고 한다는 말이 있어. 그런데 경제 뉴스에서 돈이 잘 돌지 않아서 걱정이라고 하는 말을 들어 봤니? '돈맥 경화'가 일어났다고 하면서 말이야. 건강을 유지하려면 피가 우리 몸속을 돌면서 영양소를 골고루 날라 주어야 하잖아. 흔히들 돈은 경제의 혈액이라고 해. 경제가 원활하게 돌아가려면 돈이 경제활동이 이루어지는 구석구석을 찾아 잘 돌아다녀야 하니까. 그런데 동맥이 딱딱하게 굳는 동맥 경화 현상이 일어나면 혈액 흐름이 원활하지 못해서 건강에 문제가 생겨. 마찬가지로 돈이 잘 돌지 않으면 경제활동에 문제가 생기지. 그래서 이런 현상을 동맥 경화에 빗대어 돈맥 경화라고 하는 거야.

피셔의 교환방정식 'MV= PT'를 소개하면서 화폐유통 속도(V)와 총거래량(T)의 변화는 그리 크지 않으니까 이 방정식은 통화량(M)이 늘어나면 물가(P)는 올라간다는 것을 의미한다고 했어. 그런데 케인스는 보통 화폐유통 속도의 변화는 그리 크지 않지만, 단기간에 급격하게 속도가 느려지는 경우가 생긴다고 했어. 말하자면 돈맥 경화가 일어난다는 거지.

◆ 《세상에서 가장 쓸모 있는 경제학》, 석혜원, 풀빛, 2024, 94쪽 참조

보통 정부가 통화량을 늘리면 돈의 흐름이 원활해져서 소비와 투자가 살아나. 하지만 화폐유통 속도가 급격히 떨어지면 돈이 돌지 않아. 그러면 통화량을 늘려도 경기를 살리는 효과가 일어나지 않지. 이처럼 통화량을 늘려도 기업의 생산과 투자, 가계의 소비가 늘지 않아서 경제가 살아나지 않는 상태를 케인스는 **유동성 함정**에 빠졌다고 했어.

케인스가 살았던 시기에 투자할 수 있는 금융 상품은 은행예금, 주식, 채권 정도였어. 금융 상품 종류가 다양하지 않아서 채권에 대한 투자 비중이 현재보다 훨씬 컸지. 그런데 금리가 너무 낮으면 조만간 금리가 올라갈 거라고 예상하고 채권을 팔아서 현금으로 가지고 있으려는 투기 동기가 아주 강해진다는 거야. 금리와 채권의 시장가격은 반대 방향으로 움직이니까. 채권의 시장가격이 내리면 금리는 오르는 셈이 되거든. 그래서 앞으로 금리가 오를 걸 예상하면 채권을 팔고 돈으로 가지고 있으려고 해. 이런 일이 벌어지면 아무리 통화량을 늘려도 경제 주체들이 돈을 움켜쥐고 내놓지 않아. 그러면 돈이 돌지 않아서 경제는 유동성 함정에 빠지게 되는 거야.

채권은 정부, 지방자치단체, 기업 등이 돈을 빌리면서 발행하는 증권이다. 채권은 이자 지급 방식에 따라 두 종류로 나눌 수 있다. 하나는 액면 금액을 모두 주고 사고, 이자 지급일에 정기적으로 이자를 받는 채권이다. 다른 하나는 이자를 따로 받지 않는 대신 싸게 사서 만기일이 되면 액면 금액을 받는 채권이다.

금리와 채권의 시장가격은 반대 방향으로 움직인다. 예를 들어 1년 후에 100만 원을 받는 채권을 95만 원에 산다면, 이것은 지금 95만 원을 예금하고 1년 후 100만 원을 받는 것과 같다. 이 경우 이자는 5만 원(=100만 원-95만 원)이고, 금리는 연 5.26%가 된다.

$$\frac{50,000}{950,000} \times 100 = 5.26$$

같은 채권을 97만 원을 주고 산다면 원금은 97만 원이고 이자는 3만 원(=100만 원-97만 원)인 셈이니까 금리는 연 3.09%가 된다.

$$\frac{30,000}{970,000} \times 100 = 3.09$$

그러니까 채권의 시장가격이 올라가면 금리는 내려가는 셈이 된다.

채권의 수요와 공급에 영향을 미치는 대표적 요인은 중앙은행의 통화정책이다. 중앙은행이 돈을 찍어 시중의 채권을 사들인다고 하자. 채권의 수요가 늘게 되어 채권의 시장가격은 올라가니까 중앙은행이 돈을 풀면 금리는 내려간다. 그런데 중앙은행이 돈을 풀어도 금리가 더 올라간다고 예상하여 계속 채권을 팔고 현금 보유를 늘린다면 금융시장은 유동성 함정에 빠지게 된다.

유류세는
착한 세금일까?

Arthur Cecil Pigou

아서 세실 피구

1877~1959

와, 오랜만에 교외로 차를 몰고 나갔다 왔어. 기분이 상쾌하다! 휘발유 가격이 조금 내려서 다행이야. 기름을 넣을 때마다 가격을 보고 겁이 나서 드라이브는 꿈도 꾸지 못했어. 가격이 너무 비싸니까 유류세라도 좀 내려 주기를 간절히 바라게 되더라. 유류세는 휘발유, 경유, LPG 따위의 기름 종류에 부과되는 세금이야. 종류도 다양해서 교통·에너지·환경세, 주행세(교통·에너지·환경세의 26%), 교육세(교통·에너지·환경세의 15%), 부가가치세, 개별소비세, 관세 등이 붙어.

교통세는 자가용 수요가 빠르게 늘어났던 1994년 교통 시설 확충 등을 목표로 만들어졌어. 처음에는 2003년까지만 부과하기로 했는데, 현재도 내고 있어. 과세 기한이 계속 연장되었거든. 교통 시설은 충분히 건설되었으니 이제 폐지해야 한다는 사람들도 제법 있어. 전량을 수입해야 하는 기름의 소비를 줄이는 데 효과적인 착한 세금이라 그대로 두자는 반대 의견도 만만치 않지만. 더구나 환경문제가 심각해지면서 **탄소세**(Carbon Tax) 같은 '**피구세**'가 계속 이야기되고 있어 유류세를 폐지하는 게 쉽지 않을 것 같아.

탄소세는 뭐고, 피구세는 또 뭐냐고? **부정적 외부효과**를 일으키

| 2017년 미국 워싱턴 DC에서 '사람들의 기후 행진(People's Climate March)' 참여자들이 탄소세를 부과해야 한다고 주장하고 있다.(출처: 위키미디어커먼스) |

는 일에 부과되는 세금을 통틀어 피구세라고 해. 영국의 경제학자 아서 세실 피구의 이름을 따서 붙여진 세금이야. 케임브리지대학교의 경제학 교수였던 피구가 《후생 경제학》(1920년)에서 제안했거든. 탄소세는 지구온난화의 주범인 이산화탄소(CO_2)와 기타 온실가스 배출량에 대해 부과하는 세금으로 대표적인 피구세 중 하나야. 탄소세는 1990년 핀란드를 시작으로 여러 나라에서 걷고

있어. 보통 탄소세는 '톤당 CO_2 배출량' 기준으로 세율이 정해져. 환경오염 문제 해결을 위해 이산화탄소를 배출하는 기업으로부터 탄소세를 걷는 나라는 앞으로 더 늘어날 거야.

2007년부터 '교통세'를 '교통·에너지·환경세'로 이름을 바꾼 것도 자동차 운행으로 발생하는 환경오염에 대해 매기는 피구세라는 것을 강조하기 위해서였어. 1996년부터 서울특별시가 남산 1·3호 터널을 통해 도심으로 들어오는 자동차에 대해 받는 혼잡통행료도 피구세고, 담뱃세나 비만세도 피구세야. 담배를 피우거나 살찌는 식음료를 많이 먹어서 병이 나면 건강보험 기금의 부담금이 늘어나는 부정적 외부효과가 일어나잖아.

소득 재분배는 사회적 후생을 키운다 

피구세를 알고 나니 유류세는 착한 세금인 것 같아? 그런데 아니라고 생각하는 사람도 있어. 부정적인 외부효과를 줄이기 위해서라지만, 너무 많이 부과하니까 세금을 더 거두려는 방편이라고 보는 거야. 외부효과를 화폐가치로 확실히 환산할 수 있으면 이런 세금이 과하다, 적당하다 같은 논란이 없을 텐데, 그러지 못하니까 의견이 엇갈리는 거지. 그런데 말이야. 피구는 피구세뿐만 아니라 다른 세금도 긍정적으로 보았어. 세금을 통해 소득 재분배가 이루어지면 사회적 후생이 커진다고 보았거든.

　피구는 1877년 영국 잉글랜드 남쪽에 자리한 와이트섬에서 태어났어. 어릴 적 꿈은 시인이었대. 케임브리지대학교에 다닐 때 가장 뛰어난 시를 쓴 학생에게 주는 상인 '총장의 금메달(Chancellor's Gold Medal)'을 받은 걸 보면 시인으로서 재능이 뛰어났나 봐.

그러나 19세기 말 영국의 상황은 그를 시인이 아니라 경제학자의 길로 들어서게 했어. 19세기 영국은 '해가 지지 않는 나라'라고 할 정도로 많은 식민지를 두었던 강대국이었지. 하지만 두 얼굴을 가지고 있었어. 세계 최고 수준의 경제 선진국으로 발돋움했지만, 노사문제, 소득 불평등, 열악한 노동환경과 자원 고갈 등 산업화에 따른 새로운 문제점이 생겨났거든. 피구는 이런 문제를 해결하고 온 국민이 행복한 나라로 만드는 데 힘을 보태고 싶어서 경제학자가 되었던 거야. 박사 논문 지도교수였던 앨프리드 마셜은 피구를 으뜸 제자로 꼽았어.

피구는 1904년부터 1943년까지 케임브리지대학교 경제학 교수로 재직하면서 사회적 후생을 키우기 위한 경제학 연구에 몰두했어. **사회적 후생**이란 사회 전체가 얼마나 잘사는지를 말해 주는 척도야. 쉽게 말해 사회 구성원 개개인이 느끼는 만족이나 행복감을 합쳐서 사회 전체의 행복을 측정하는 개념을 말해. 그는 이를 가능한 한 최대로 키우는 것이 국가의 과제라고 보았어.

피구는 국민소득이 높고, 소득 분배가 공정하고, 소득이 안정적

     1장 경제학, 분석과 검증을 통해 이론을 발전시킨다

일수록 사회적 후생은 커진다고 보았어. 그런데 경제활동을 시장에만 맡겨 놓으면 비효율적이고 불공정한 일이 생겨서 후생 증대가 어려워질 수 있다고 판단했지. 그래서 정부는 자원 분배와 소득 재분배, 경제 안정 등의 정책을 펼쳐 경제에 적극적으로 개입해야 한다고 주장했어.

피구는 같은 금액이라도 소득수준에 따라 만들어지는 후생의 크기는 다르다고 보았어. 스승인 앨프리드 마셜처럼 부자의 1실링과 가난한 사람의 1실링은 같지 않다고 판단한 거야. 그래서 정부가 개입하여 소득 재분배를 해야 한다고 주장했어. 부자에게 세금을 많이 걷어서 효율적으로 사용하면 이들이 잃어버리는 후생보다 다른 사람들이 얻는 후생이 더 크므로 전체 후생, 그러니까 나라 전체의 후생은 커지잖아.

아, 피구의 이름이 붙은 경제 용어가 또 있어. 피구는 물가가 내리면 사람들이 가진 화폐의 실질 가치는 올라가므로 사람들은 더 부유해졌다고 느껴서 소비를 늘린다고 했어. 이처럼 자산 가치(주로 화폐 보유액)가 증가하면 소비가 늘어나는 현상을 '피구효과'라고 해.

◆ 《세상에서 가장 쓸모 있는 경제학》, 석혜원, 풀빛, 2024, 62쪽 참조

외부효과

어떤 경제 주체의 행위가 거래에 참여하지 않은 다른 경제 주체에 의도하지 않게 영향을 미치는 현상을 **외부효과**라고 한다. 이는 다른 경제 주체자에게 이익을 주는 외부경제와 피해를 주는 외부불경제로 나누어진다.

양봉업자가 꿀벌을 많이 키워서 꿀벌이 주변 과수원에 꽃가루를 옮겨 주면, 과수원 주인은 별다른 노력을 하지 않아도 과일 수확량이 늘어나는 혜택을 얻는다. 또 멋진 디자인의 건물이 세워지면 주변 지역의 이미지가 좋아져서 방문객이 늘어나 상권이 활성화되는 효과가 생긴다. 이처럼 어떤 경제활동이 그 활동에 직접 참여하지 않은 주변 사람이나 사회에 이익을 주는 경우가 외부경제이다.

반대로 외부불경제는 어떤 경제활동이 주변 사람이나 사회에 피해를 주는 부정적인 외부효과를 말한다. 예를 들어 공장에서 폐수를 흘려보내면 물이 오염되어 인근 주민의 건강이 나빠지거나, 소음이 큰 공사가 오랜 기간 진행되어 인근 주민들이 일상생활에 불편을 겪는 경우이다.

창조적 파괴가 경제 발전을 이끈다?

Joseph A. Schumpeter

조지프 슘페터

1883~1950

경제 발전의 원동력은 기술혁신

네 꿈이 CEO라고? 그렇다면 조지프 슘페터를 반드시 소개해야 겠다. '기업가정신'을 연구한 유명한 경제학자야. 기업가정신이란 기업가가 갖추어야 할 자세와 마음가짐을 말해. 요즘은 슘페터를 케인스와 함께 20세기를 대표하는 경제학자로 평가하지만, 살아 있을 때는 그리 주목을 받지 못했어. 슘페터는 케인스보다 넉 달 먼저인 1883년 2월 오스트리아-헝가리 제국에서 태어났어. 빈대 학에서 법학을 공부했지만, 경제 발전의 원동력에 관심이 커지 며 경제학 공부를 새로 시작했대. 세상에서 가장 유명한 경제학 자를 꿈꾸면서. 1906년 빈대학에서 경제학 박사학위를 받은 후 에는 우크라이나, 오스트리아, 미국의 대학교에서 경제학 이론 강의를 했어.

1차 세계대전이 끝나고 슘페터는 36세에 독일-오스트리아 공 화국˚의 재무장관이 되었어. 하지만 다른 각료들과 의견 충돌이 심 해 7개월 만에 물러났지. 이어서 민간은행의 총재가 되었지만 3년 후 은행은 파산해 버렸고, 이런 실패를 겪고 1925년 빈대학으로

◆ 1918년 오스트리아-헝가리 제국이 해체되자, 오스트리아-헝가리 제국 내 독일어 사용 지역에서 만들어졌던 미인정 국가였다.

1장 경제학, 분석과 검증을 통해 이론을 발전시킨다

돌아가서는 경제학을 가르치고 연구하는 일에만 몰두했어. 그런데 1932년 독일에서 나치당이 집권하자 미국으로 망명했지.

미국에서 하버드대학교의 경제학 교수로 재직하면서 그는 수많은 책을 출간했어. 그중 널리 알려진 책은《경기순환론》(1939년)과《자본주의·사회주의·민주주의》(1942년)야.

《경기순환론》에서는 다른 경제학자들이 밝혀낸 경기순환 이론

| 1830년 최초의 여객용 열차가 맨체스터-리버풀을 오가며 달리게 되었다.
주요 도시와 항구, 산업 지대를 연결하는 철도망이 확충되면서 상품 운송이 쉬워지고
운송비가 절감되자 상품 교역이 급속히 늘어났다. 사람의 이동도 늘어나서
문화산업이 발달하고 여행과 관광이 활발하게 이뤄지는 시대가 열렸다.
사람들의 활동이 열차 시간에 맞추어 이루어지면서 '태양은 이제 출근 시간을
결정하지 못한다'라는 말이 생길 정도로 일상생활도 변했다.(출처: 위키미디어커먼즈) |

을 역사적 상황과 통계를 통해 분석하며 경제 발전의 원동력은 기술혁신이었음을 증명했어. 산업혁명, 철도·증기기관, 철강·전기, 석유·자동차와 같은 기술혁신이 경제적 사회적 구조를 변화시키며 경제 발전이 이루어졌음을 밝혀낸 거야.

혁신의 아이콘으로 재주목받는 슘페터 

슘페터는 기술혁신으로 기업의 이윤이 높아지면 투자가 활발해져 호황기가 된다고 보았어. 그리고 다른 기업들이 이미 알려진 기술을 모방하며 시장에 뛰어들어서 경쟁이 벌어지면 이윤이 줄어들어 불황기로 접어든다고 했지. 불황기는 경쟁력이 없는 기업들이 문을 닫게 되는 필수적인 과정이라고 보았고. 슘페터는 1929년에 발생한 세계 대공황도 이런 경제순환의 한 과정이라고 했어. 실업과 빈곤으로 고통을 겪었던 사람들은 그의 이론에 공감할 수 없었어. 그래서 안타깝게도 그의 통찰은 제대로 평가받지 못했단다.

그런데 세상을 떠난 후 그의 연구는 높은 평가를 받게 되었어. 21세기를 슘페터의 세기라고 할 정도로 말이야.《자본주의·사회주의·민주주의》에서 경제 발전의 원동력을 혁신과 기업가정신이라고 했던 슘페터의 말에 많은 사람들이 깊이 공감하게 되었거든.

슘페터는 혁신(innovation)은 단순한 발명(invention)이 아니라 생산수단, 생산품, 조직이 완전히 바뀌는 새로운 변화라고 했어. '마차를 연결한다고 기차가 되는 것이 아니다'라고 하면서. 그가 말했던 **창조적 파괴**(creative destruction)란 기술 발전이 끝없이 낡은 기술은 부수고 새로운 기술을 창조하면서 계속 경제구조를 혁신하는 과정이야.

기업가정신이란 미래를 정확하게 예측하고 새로운 것에 과감하게 도전하는 정신을 말해. 기업가란 새 기술과 새 상품의 혁신을 앞장서서 이끌어 가는 사람이며, 열린 마음, 지도력, 통찰력 등 엘리트적 자질을 갖추고 있다고도 했어.

그리고 이런 혁신과 창조적 파괴의 혜택은 기업뿐만 아니라 모든 사람이 누리게 된다고 했지. 혁신과 창조적 파괴로 상품 가격이 내려가고 소득이 올라가면 사람들의 전체적인 생활수준이 높아지는 효과가 생긴다고 보았거든.

포드자동차의 헨리 포드, 마이크로소프트의 빌 게이츠, 애플의 스티브 잡스 같은 혁신적인 기업가들이 어떻게 세상을 바꾸었는지 떠올려 봐. 슘페터의 기업가 이론이야말로 정보 기술의 발달로 세계가 역동적으로 변했던 사실을 이해하는 데 아주 적절하지?

2025년 노벨경제학상은 '혁신을 통해 지속되는 경제성장을 설

명한 공로'로 조엘 모키어(Joel Mokyr), 필리프 아기옹(Philippe Aghion), 피터 하윗(Peter Howitt) 세 명의 경제학자가 받게 되었어. 이들은 경제성장의 원동력으로서 혁신과 기술 변화의 역할을 체계적으로 밝혀냈다는 평가를 받

았지. 조엘 모키어는 기술 진보가 어떻게 지속적 경제성장을 가능하게 했는지 분석하여 지식의 축적과 확산이 산업 발전과 생산성 향상에 핵심 요소라고 강조했지. 한편 필리프 아기옹과 피터 하윗은 슘페터의 창조적 파괴 개념을 바탕으로, 혁신이 기존 산업을 대체하면서 경제를 발전시키는 과정을 수학적·이론적 모델로 발전시켰어. 노벨경제학상 수상자가 발표되면서 이들만큼이나 자주 이야기된 경제학자는 슘페터였어. 왜냐고? 혁신과 창조적 파괴를 처음 말한 경제학자가 슘페터잖아.

슘페터가 말한 기업가정신을 알고 나니 꼭 CEO가 되어야겠다고? 부자가 되기 위해서가 아니라 창조적 파괴를 통해 더 나은 세상을 만들고 싶어서라고? 좋아, 너의 꿈을 응원할게. 파이팅!

경기순환

경기란 경제활동 기운을 줄인 말로 생산, 소비, 투자와 같은 전체적인 경제활동 상태를 나타내는 말이다. 소비와 투자, 생산 등 경제활동이 활발하면 호황이라고 하고, 경기가 침체되면 불황이라고 한다.

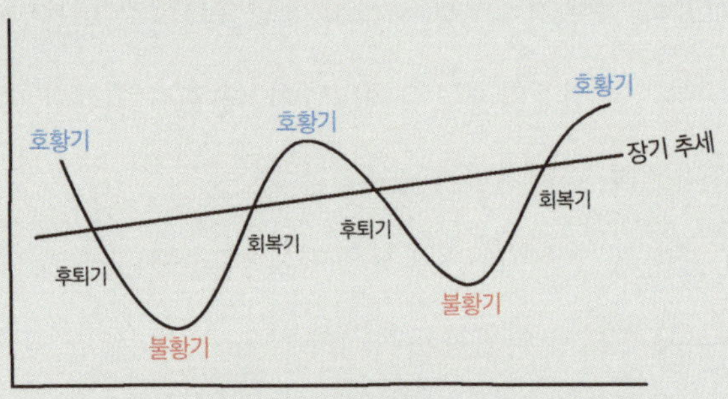

| 경기변동 또는 경기순환 |

경기가 좋아지면 일자리가 많아지고 소득이 늘어나서 소비가 늘어난다. 소비가 늘어나면 물가가 오르고 일할 사람을 찾는 기업이 늘어나면서 인건비도 올라가게 된다. 그런데 물가가 올라가는 인플레이션이 지속되면 결국 사람들은 소비를 줄이게 되어 경제활동은 움츠러든다. 소비가 줄면 생산이 줄고 실업자가 늘어나게 된다. 실업이 늘면 소득이 줄어들어 소비는 더욱 줄어들고 경기는 불황에 접어든다.

이처럼 경기는 일정한 주기를 가지고 호황과 불황을 겪는데 이를 경기변동 또는 경기순환이라고 한다.

이윤은 불확실성을 감수한 대가이다?

Frank Knight

프랭크 나이트

1885~1972

기업가의 모험심이 경제 발전을 이끈다 

지하철역에서 우리 집으로 오는 큰길에 있는 치킨 가게에서 샀어. 맛있지? 가격도 저렴해. 그런데 이달 말에 가게 문을 닫는대. 치킨 시장은 정말 '레드오션'인가 봐.

레드오션은 저녁노을에 물든 바다를 뜻하느냐고? 그런 아름답고 낭만적인 분위기와는 거리가 멀어. 레드가 뜻하는 게 출혈 경쟁이거든. 레드오션은 경쟁이 치열해서 쉽게 이윤을 남길 수 없는 분야야. 반대로 잘 알려지지 않아 경쟁이 없는 시장은 '블루오션'이고. 경쟁자가 없으니 블루오션인 분야에서는 높은 수익과 빠른 성장이 가능해.

왜 블루오션을 두고 레드오션에서 사업을 하느냐고? 레드오션은 이미 존재하고 누구나 쉽게 들어갈 수 있는 시장이지만, 블루오션은 스스로 개척해야 하거나 막 시작된 시장이야. 창조적 파괴 능력이 없거나 낯선 시장에서 마주칠 불확실성과 맞설 용기가 없으면 뛰어들기 힘들지.

미국의 경제학자 프랭크 나이트는 《위험과 불확실성 및 이윤》(1921년)에서 이윤은 불확실성을 기회로 만든 데 대한 보상이라고 했어. 위험과 불확실성의 차이점을 강조하면서. 위험은 예측할 수

     1장 경제학, 분석과 검증을 통해 이론을 발전시킨다

있어서 비용에 포함할 수 있고 보험에 가입하는 등 어느 정도 대처할 수 있지만, 불확실성은 경험으로 알 수 있는 게 아니라고 했어. 이윤은 이처럼 예측이 힘들어 손해를 볼 수 있는 불확실성을 감수하고 생산 활동을 한 대가로 얻어지는 것이라고 했지. 기업가가 이윤을 얻으려면 불확실성을 떠맡는 모험심이 필요하고, 모험심이 강한 기업가들이 있어야 경제 발전이 가능하다고 보았던 거야.

1885년 미국 일리노이주 맥린 카운티에서 태어난 나이트는 테네시대학교에서 철학을 전공했어. 코넬대학교 대학원에서 철학을 전공하고 다시 경제학을 공부해 1916년 경제학 박사학위를 받았지. 아이오와대학교와 시카고대학교를 오가며 강의를 하다가 1927년부터 시카고대학교에 정착하게 돼.

나이트의 강의는 전설 그 자체였어. 그는 20세기 경제학 발전을 주도한 경제학자들의 위대한 스승이었고. 노벨경제학상 수상자인 밀턴 프리드먼, 조지 스티글러, 폴 새뮤얼슨, 제임스 뷰캐넌 등이 모두 그의 제자야. 이들은 입을 모아 자신이 경제학자가 되는 데 가장 큰 영향을 끼친 사람이 프랭크 나이트였다고 말했지. 참 행복한 스승이었지?

왜 공유자원에 재산권을 도입했을까? 

나이트는 최초로 공유자원에 **재산권** 개념을 도입하여 경제학적으로 분석한 학자이기도 해. 여행할 때 고속도로를 이용하면 통행료를 내잖아. 통행료는 주인이 있는 도로를 이용한 대가야. 고속도로의 재산권은 정부나 지방자치단체 또는 투자한 민간 기업이 가지고 있거든. 그런데 왜 나이트는 공유자원에 재산권을 도입하자고 했을까?

19세기 말까지 사람들은 주로 말을 타거나 말이 끄는 마차를 타고 다녔어. 그러다가 1890년대에 이르러 자전거가 주요 교통수단이 되면서 길을 평탄하게 만드는 도로포장이 활발하게 이루어졌지. 말과 달리 자전거는 울퉁불퉁한 길을 잘 달릴 수 없으니까. 20세기 초 자동차의 시대가 열리면서 도로는 더욱 빠르게 늘어났어. 그러나 도로보다 교통수단이 늘어나는 속도가 더 빨라서 도로의 혼잡도는 날이 갈수록 심해졌지.

피구의 이론을 따르는 사람들은 교통 혼잡을 줄이기 위해 도로세를 부과하자고 했어. 앞서 살펴봤듯이 피구는 세금을 부과해서 외부불경제를 줄일 수 있다고 했잖아. 그런데 나이트는 도로 혼잡의 원인은 도로에 대한 사유재산권이 없기 때문이라고 보았어. 도

1장 경제학, 분석과 검증을 통해 이론을 발전시킨다

✡ 공유자원에 도입한 재산권 ✡

| **교통 체증이 극심했던 미국 워싱턴의 도로**(출처: 위키미디어커먼스)
프랭크 나이트는 도로를 사유화하고 이용자에게 통행료를 물리면
교통 혼잡을 줄일 수 있다고 보았다. |

로를 사유화하고 이를 이용할 때마다 통

행료를 내게 하면 혼잡이 저절로 줄어들

거라고 확신했고. 재산권이 희소한 공

유자원을 효율적으로 배분하는

역할을 하는 제도적 장치가 될 수 있다고 판단했던 거야. 그래서 공유재산에 재산권을 도입하자고 주장했던 거지.

공유자원

공유자원은 공기나 강물, 어장처럼 여러 사람이 공동으로 사용하거나 접근할 수 있는 자원이다. 특정 개인이 소유하거나 혼자만 이용할 수 없고, 누군가 자원을 사용하면 다른 사람이 이용할 수 있는 양은 줄어드는 특징이 있다.

만약 개인적인 이익을 위해 사람들이 공유자원을 무분별하게 이용하면 전체 자원이 고갈될 수 있다. 이런 현상을 **공유지의 비극**이라고 부른다. 한때 세계에서 가장 풍부한 어장이었던 캐나다 뉴펀들랜드 대구 어장은 공유지의 비극이 일어났던 대표적인 사례이다. 뉴펀들랜드 대구 어장으로 자유롭게 들어온 여러 국가의 어선들이 앞다투어 대구잡이를 하면서 대구 개체수는 아주 빠르게 줄어들었다. 결국 1992년 캐나다 정부는 더 이상 이곳에서 대구잡이를 하지 못하게 금지했다.

따라서 공유자원의 지속 가능한 이용을 위해서는 정부 규제, 지역공동체의 관리, 이용 제한, 세금 부과 등 다양한 관리 방안이 필요하다.

경제 상황을 한눈에 알 수 있다고?

Simon Kuznets

사이먼 쿠즈네츠

1901~1985

해마다 국제통화기금(IMF)에서는 세계 여러 나라의 경제성장률 전망치를 발표해. 이제 성장을 좇는 경제 패러다임에서 벗어나야 한다고 외치는 사람들이 있지만 아직도 대부분은 경제성장률이 높아진다고 하면 좋아해.

경제성장은 국가의 경제 규모를 나타내는 국내 총생산(GDP, Gross Domestic Product)이 지난해에 비해 커진 것이야. 커진 정도를 경제성장률이라고 하고. 이를 식으로 나타내면 다음과 같아.

$$경제성장률(\%) = \frac{(올해의\ 실질\ GDP - 지난해의\ 실질\ GDP)}{지난해의\ 실질\ GDP} \times 100$$

GDP는 일정 기간에 한 나라 안에서 새로이 생산된 재화와 서비스의 가치, 쉽게 말해서 국내에서 생산한 모든 재화와 서비스의 합을 말해. 만약 올해 물가가 지난해보다 전체적으로 5% 올랐다면 생산된 재화와 서비스의 양이 변하지 않아도 GDP는 5% 커지게 돼. 그렇다면 경제 규모는 그대로인데 경제가 성장했다고 착각할 수 있어. 이런 모순을 없애려고 경제성장률을 계산할 때는 기준 연도를 정하고 기준 연도 가격으로 나타낸 실질 GDP를 구해서 비교해. 말하자면 실질 GDP가 지난해는 100억 달러였는데 올해는 105억 달러라고 하면, 올해 경제성장률은 5%가 되는 거야.

국민 총소득(GNI, Gross National Income)은 일정 기간 한 나라 국민이 벌어들인 소득을 모두 합친 거야. 만약 모든 국민이 자기 나라 안에서만 생산 활동을 하고, 그 나라에 와서 생산에 참여하여 돈을 버는 외국인이 없다면, GDP와 GNI는 같아. 그런데 우리 국민이 외국에서 일하고 돈을 버는 경우도 있고, 외국인이 한국에서 일하고 돈을 벌기도 해. 그래서 GNI를 구하려면 GDP에서 외국인이 자기 나라에서 벌어 간 소득은 빼고, 자기 나라 국민이 외국에서 벌어들인 소득은 더하지.

가족 수는 다섯 명이고 한 달 소득이 1천만 원인 가구와, 가족 수는 두 명이고 한 달 소득이 8백만 원인 가구가 있다고 하자. 한 사람이 쓸 수 있는 돈은 어느 가구가 더 많을까? 맞아. 가족 수는 두 명이고 한 달 소득이 8백만 원인 가구이지. 한 사람이 쓸 수 있는 돈이 더 많아지려면 가구 전체의 소득이 아니라 전체 소득을 가족 수로 나눈 값이 커야 하니까. 그래서 한 국가의 평균적인 생활수준을 알아보려면 GNI가 아니라 GNI를 인구수로 나누어 얻어지는 값, 즉 1인당 국민소득을 알아야 해.

한 나라의 전체 경제 규모를 알려 주는 GDP, 국민이 벌어들인 소득을 알려 주는 GNI, 평균적인 생활수준을 알려 주는 1인당 국민소득, 물가 상승을 파악하기 위한 물가지수를 포함하여 한 나라의 경제 상황이나 향후 경기 흐름을 파악하기 위해 사용되는 통계 수치를 **경제지표**라고 해. 이런 경제지표를 보고 경제가 좋은지 나쁜지, 앞으로 좋아질지 나빠질지를 판단하지.

이처럼 나라 전체의 경제 상황을 종합적으로 알려 주는 경제지표는 1930년대에 처음 만들어졌어. 1929년 대공황 이후 미국의 루스벨트 대통령과 경제 관료들은 상품 생산량과 운송량이 줄었고, 수백만 명이 일자리를 잃었다는 사실을 파악할 수 있었어. 그러나 경제 상황을 종합적으로 알려 주는 지표가 없어서 당시 상황을 정확하게 분석하고 그에 맞는 적절한 정책을 세우기에는 어려움이 많았단다.

사이먼 쿠즈네츠는 정부 요청으로 1931년부터 경제지표를 연구하게 되었어. 그리고 국민 총생산(GNP, Gross National Products)이라는 지표를 만들었지. 한 나라 국민이 일정 기간 생산한 부가가치의 합을 나타내는 지표이지. 경제정책을 세울 때 이를 활용하게 되자 호황과 불황의 폭이 훨씬 적어졌고, 장기적인 경기 침체나 실업을 줄이기에도 도움이 되었어.

경제 상황이 바뀌면 판단의 근거가 되는 경제지표의 종류가 달

 1장 경제학, 분석과 검증을 통해 이론을 발전시킨다

라지기도 해. GDP는 GNP 개념을 바탕으로 하여 제2차 세계대전 중 영국의 경제학자 리처드 스톤(Richard Stone, 1984년 노벨경제학상 수상자) 등이 만들었어. 당시 국내 생산 능력을 정확히 알아야 할 필요가 생겼거든. 이후 국제연합 등을 통해 국제 표준이 되었고. 그런데 기업의 해외 진출이 늘면서 GNP 대신 국내 경제 상황을 정확히 반영하는 GDP를 사용하게 되었어. 자기 나라 기업의 해외 생산 활동은 국내 경제에 그리 영향을 주지 않지만, 외국 기업의 국내 생산 활동은 국내 경제에 직접적인 영향을 끼치잖아. 그래서 GNP 대신 GDP가 국가 전체의 경제 상황을 종합적으로 알려 주는 경제지표로 자리 잡게 된 거야. 국내의 고용, 물가 수준, 금리 등에 미치는 영향을 알아보는 데 GDP가 더 유용하니까.

쿠즈네츠 곡선의 의미는?

1971년 쿠즈네츠는 경제 상황 분석에 유용한 정보를 제공함으로써 건실한 경제 성장에 도움을 준 경제지표를 개발하였다는 공로로 노벨경제학상을 받았어. 1901년 옛 러시아제국의 핀스크에서 태어난 그는 1918년 하르키우 상업학교(지금의 사이먼 쿠즈네츠 하르키우 국립경제대학교)에서 경제학을 전공했어. 1922년 이민을 가서 미국 컬럼비아대학교에서 경제학 박사학위를 받았지. 미국 국립경제연구소(National Bureau of Economic Research)에서 일하다가 1931년부터 40년 동안 펜실베이니아대학교와 존스홉킨스대학교, 하버드대학교에서 교수로 재직했어.

쿠즈네츠는 경제 성장과 소득 분배의 관계를 밝혀낸 **쿠즈네츠 가설**(Kuznets Hypothesis)로 유명해. 1955년 논문을 통해 발표된 이 이론의 요점은 경제 성장 초기에는 소득 불평등 정도가 커지지

     1장 경제학, 분석과 검증을 통해 이론을 발전시킨다

만, 일정한 수준을 넘으면 불평등이 줄어든다는 거야. 산업화 초기에는 도시의 산업 부문이 빠르게 성장하면서 농촌보다 높은 소득을 얻는 집단이 먼저 등장하며 소득 불평등이 커져. 산업화가 진행되면서 더 많은 인구가 도시로 이동하고, 교육 수준과 생산성이 향상되어 소득수준이 전반적으로 높아지면 불평등이 줄어들고. 그리고 경제가 충분히 발전하면 복지 제도, 누진세, 교육 기회 확대 등으로 소득 분배가 점차 평등해진다는 거지.

그는 가로축에 1인당 국민소득, 세로축에 빈부 격차와 계층 간 소득의 불평등 정도를 나타내는 수치인 지니계수를 놓아 보았어. 쿠즈네츠의 가설을 증명하는 종 모양의 그래프를 쿠즈네츠 곡선이라고 해.

하지만 쿠즈네츠 가설이 모든 나라에 꼭 들어맞는 것은 아니야. 경제가 성장해도 불평등이 계속 심해지는 나라도 있고, 반대로 복

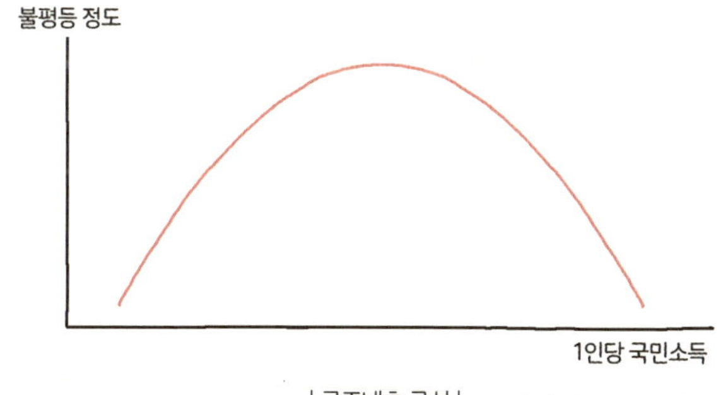

| 쿠즈네츠 곡선 |

지 제도나 교육 제도를 잘 정비하여 성장 초반부터 불평등이 줄어드는 나라도 있어.

그리고 생산 규모나 소득수준을 나타내는 경제지표는 한 나라의 경제 성과를 종합적으로 측정하는 데 유용하지만 인간의 행복이나 삶의 질을 측정하는 데는 한계가 있어. 쿠즈네츠도 이를 인정하면서 '더 높은 성장'을 목표로 한다면 '무엇을' 위해 '어떻게' 성장시키려는지 명확하게 밝혀야 한다고 강조했지.

그래서 정부가 진정으로 삶의 질을 높이는 경제정책을 세우려면 다른 지표를 참고해야 한다고 주장하는 학자들이 생겨났어. GDP를 바탕으로 계산되는 경제성장률이 아니라 국가행복지수와 같은 후생 지표를 예로 들면서. 경제성장만 중시하는 정책은 인간을 소외시키고 산업화에 따른 자원 낭비와 환경 파괴로 인해 오히려 삶의 질을 떨어뜨릴 수 있다는 주장도 나오고. 성장만 추구하면서 끝없는 생산과 소비를 한 결과로 지구 환경이 파괴되고 기후변화가 심각해지자, 성장보다 삶의 질과 환경보호를 중시하는 정책이 중요하다고 생각하게 된 거야.

하루라도 빨리 삶의 질과 행복 수준이 얼마나 높아졌는지, 지구 환경은 어느 정도 개선되었는지를 알려 주는 획기적인 경제지표가 만들어지면 좋겠지?

로렌츠 곡선

로렌츠 곡선은 미국의 통계학자 로렌츠(M. O. Lorenz)가 개발한 소득의 불균등을 나타내는 곡선이다. 국민을 소득에 따라 순서를 매기고, 가로축에는 인구의 누적 비율, 세로축에는 소득 금액의 누적 비율을 표시한다. 45° 선은 누적 인구와 누적 소득이 같은 비율로 증가하므로 완전한 평등을 나타낸다. 완전 평등선에 가까울수록 소득이 평등하게 분배되는 것을 나타내며, 곡선이 많이 휠수록 소득 분배가 불평등하다는 것을 뜻한다. 따라서 완전 평등선과 로렌츠 곡선 사이의 면적이 클수록 불평등도가 커지는데, 이를 불평등 면적이라고 한다.

불평등 면적을 삼각형 ABC의 면적으로 나눈 것이 **지니계수**이다.

$$\text{지니계수} = \frac{\text{불평등 면적}}{\text{삼각형 ABC 면적}}$$

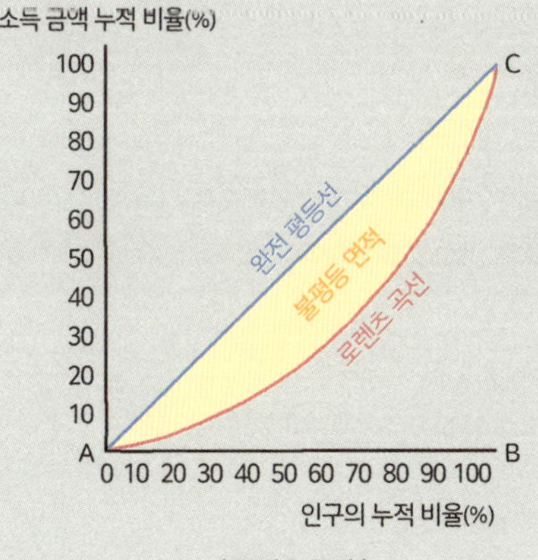

| 로렌츠 곡선 |

지니계수

이탈리아의 인구통계학자 코라도 지니(Corrado Gini, 1884~1965)가 개발한 지니계수는 빈부 격차와 계층 간 소득 불평등 정도를 분석하는 가장 대표적인 소득 분배 지표이다.

지니계수는 로렌츠 곡선이 나타내는 불평등 정도를 0부터 1까지의 수치로 표현한 것이다. 값이 '0'(완전 평등)에 가까울수록 평등하고 '1'(완전 불평등)에 가까울수록 불평등하다.

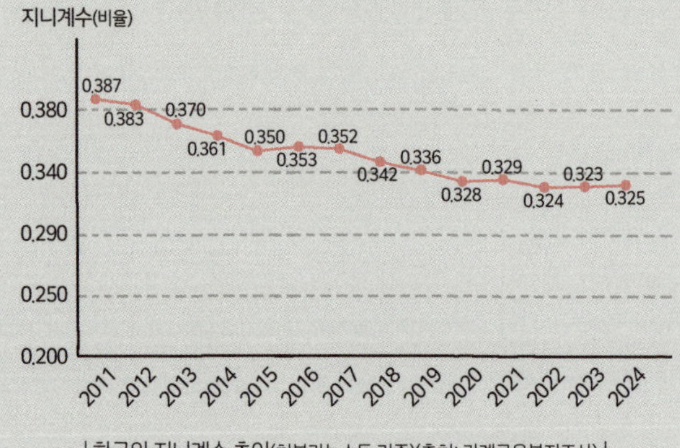

| 한국의 지니계수 추이(처분가능소득 기준)(출처: 가계금융복지조사) |

1장 경제학, 분석과 검증을 통해 이론을 발전시킨다

물가 상승률과 실업률의 연관성은?

William Phillips

윌리엄 필립스

1914~1975

물가 상승률과 실업률은 반대로 움직여? 

물가가 많이 올랐어. 그렇다면 실업률은 낮은가? 무슨 말이냐고?

필립스 곡선에 따르면 물가 상승률과 실업률은 반대로 움직이거든. 런던정치경제대학교 교수였던 윌리엄 필립스는 통계자료를 분석하여 〈영국에서의 실업과 임금 상승률 변화의 관계, 1861~1957〉(1958년)라는 논문을 발표했어. 모든 데이터를 점으로 표시하며 찾아낸 사실은 실업률이 낮을 때는 임금이 빠르게 오르고, 실업률이 높을 때는 임금이 거의 오르지 않는다는 것이었어. 말하자면 임금 상승률과 실업률은 반대로 움직인다는 거지. 이를 나타낸 것이 바로 **필립스 곡선**이야.

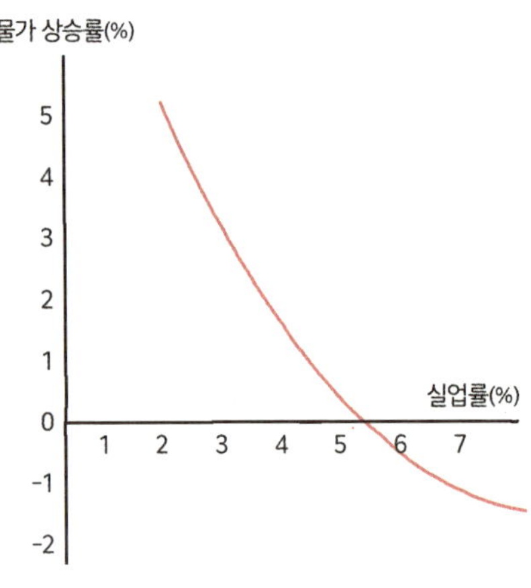

| 필립스 곡선 |

그런데 왜 그래프 세로축에 임금 상승률이 아니라 물가 상승률이 나타나 있느냐고? 그걸 찾아내다니 아주 예리한데! 실업률과 임금 상승률이 반대로 움직이는 현상은 실업률과 물가 상승률이 반대로 움직이는 현상과 같다고 할 수 있어. 임금이 오르면 생산 비용이 올라서 상품 가격이 오르기 마련이잖아. 임금 상승률이 높아지면 물가 상승률도 높아지는 거지. 경제 환경이 달라진 오늘날

에는 임금 상승률보다 물가 상승률과 실업률을 비교하는 것이 더
의미가 있어서 이렇게 바뀐 거야.

필립스 곡선은 경제정책을 세울 때 고용을 늘리려면 물가가 오
르는 것은 어느 정도 감안해야 한다는 의미를 담고 있어. 그래서
필립스 곡선이 알려진 뒤에는 일자리를 늘려서 소득수준을 높이
려는 정책을 세울 때 어느 정도의 물가 상승은 불가피하다고 받아
들였지. 그런데 1970년대 '오일쇼크'로 인해 일어났던 불황기에는
물가와 실업률이 함께 올라가는 '스태그플레이션'이 일어났어. 필
립스 곡선이 항상 맞는 것은 아니라는 점이 드러났지만, 지금도 경
제정책을 정할 때 실업률과 물가 상승률은 반드시 점검하는 아주
중요한 경제지표야. 필립스 곡선이 보여 주듯, 물가와 실업률을 동
시에 완벽하게 해결하는 것은 매우 어려워. 그래서 국가는 단기적
으로는 상황에 따라 우선순위를 정하고, 장기적으로는 기술 발전
과 생산성 향상으로 두 문제를 함께 해결하려고 노력하지.

돈의 흐름을 시각적으로 보여 준 모니악

필립스는 젊은 시절에 파란만장한 삶을 살았어. 그는 1914년 뉴질

◆ 《세상에서 가장 쓸모 있는 경제학》, 석혜원, 풀빛, 2024, 127~130쪽 참조

랜드 북섬 타라루아 행정구의 테 레헝가라는 산골에서 태어났어. 공부를 다 마치지 않은 채 고향을 떠났고 오스트레일리아, 중국, 러시아를 옮겨 다니며 다양한 일을 했지. 1938년 늦은 나이였지만 전기공학을 공부할 결심을 하고 영국으로 갔는데, 이듬해 2차 세계 대전이 일어났어. 그는 공부를 미루고 영국 공군으로 전쟁에 참여했지. 안타깝게도 전투 중 자바섬에서 일본군에게 잡혀 3년 반 동안 네덜란드령 동인도의 포로수용소에서 보내야 했어. 그래서 전쟁이 끝난 후 무려 32세에 런던정치경제대학교에 입학하여 경제학 공부를 시작했단다.

컴퓨터가 일반화되지 않았던 20세기 중반에 필립스가 거의 100년 동안의 자료를 분석할 수 있었던 것은 공학자적 자질 덕분이었어. 1949년 그는 국가 경제의 화폐 순환 과정을 보여 주는 모니악(MONIAC, Monetary National Income Analogue Computer)을 만들어 사람들을 깜짝 놀라게 했지. 목재판에 투명 플라스틱 탱크와 파이프를 고정해서 만들었던 모니악은 초기 컴퓨터인 에니악^{◆◆}의 원리로 작동되었어. 모니악의 각 탱크는 영국 국가 경제의 일부를 나타내고, 색깔을 섞은 물을 통해 돈의 흐름을 보여 줘. 물은

◆◆ 최초의 범용 전자식 컴퓨터인 '에니악'은 미 육군과 펜실베이니아대학이 1946년 개발했다. 방 하나를 가득 채울 정도로 거대한 크기였던 에니악은 미사일의 궤적을 계산하거나 적국의 암호 시스템을 해독하는 데 활용되었다.

(출처: 위키미디어커먼스)

모니악은 총 14대가 만들어졌는데, 뉴질랜드준비은행 부속 박물관과
케임브리지대학교에는 지금도 제대로 작동하는 모니악이 전시되어 있다. |

가장 위쪽에 있는 재무부 탱크에서 다른 탱크로 흘러가게 설계되어 있어. 예를 들면 보건 소비를 늘리려면 꼭지를 열어 재무부의 물을 보건 소비 탱크로 흘려보내. 이때 물은 다른 탱크로도 흘러 들어 가는데 이는 경제의 상호작용을 보여 주는 거야. 물의 일부는 세금 탱크로 가서 펌프를 통해 재무부로 다시 흘러가지. 펌프 속도를 조절하면 세율 변화에 따라 돈의 흐름이 달라지는 모습을 볼 수 있어. 수많은 탱크와 물의 흐름은 정부와 개인의 지출과 저

축과 투자 등 다양한 경제활동을 나타낸 거야.

필립스는 이처럼 모니악을 통해 돈의 흐름을 시각적으로 보여준 업적을 인정받아 런던정치경제대학교의 교수가 되었어. 1967년까지 그곳에서 재직하다가 호주국립대학을 거쳐 1969년에 고향테 레헝가가 있는 뉴질랜드 북섬의 오클랜드대학교로 자리를 옮겼지.

물가 상승률

물가는 여러 가지 물건의 가격을 한데 묶어 평균을 낸 지표, 즉 여러 가지 물건의 평균적이 가격 수준을 말한다. **물가 상승률**은 일정 기간 동안 물가가 오른 비율인데, 연간 물가 상승률은 물가가 지난해와 비교하여 1년 농안 일마니 상승했는지를 나타내는 지표이다.

$$연간\ 물가\ 상승률(\%) = \frac{(올해의\ 물가지수 - 지난해의\ 물가지수)}{지난해의\ 물가지수} \times 100$$

물가지수는 기준 연도를 100으로 놓고 비교 시점의 물가수준이 얼마나 변했는지를 나타낸 지표이다. 어느 특정 시점의 물가지수가 110(2025=100)이라면 이는 기준 시점인 2025년보다 물가수준이 10% 높은 것을 의미한다.

2장

경제학,
거꾸로 조명하고
새로운 분석을
제시한다
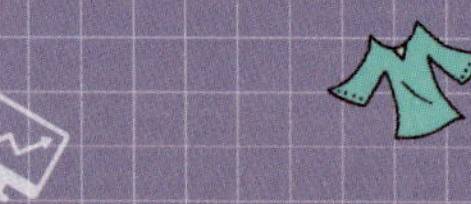

★ 정부가 민간 소비와 기업 투자를 밀어낸다?
— 밀턴 프리드먼

★ 정부와 의회는 이익집단에 사로잡혔다?
— 조지 스티글러

★ 정부 개입 없이 외부효과를 해결한다?
— 로널드 해리 코스

★ 사람에 대한 교육과 훈련은 투자다?
— 게리 베커

★ 세율을 낮추면 일할 의욕이 생긴다?
— 아서 래퍼

★ 정부의 정책은 전혀 쓸모없다?
— 로버트 루카스

정부가
민간 소비와
기업 투자를
밀어낸다?

Milton Friedman

밀턴 프리드먼

1912~2006

케인스는 불황을 극복하려면 소비를 살리기 위해 정부 지출을 늘려야 한다고 주장했어.* 이를 뒷받침하는 이론으로 승수효과를 내세웠고. 미국의 경제학자 밀턴 프리드먼은 이를 거세게 비판했지. 프리드먼은 경제를 안정시키는 가장 좋은 방법은 시장이 자유롭게 작동하도록 두는 거라고 했어. 정부가 돈을 쓰면 단기적인 효과는 있지만, 장기적으로는 물가만 올리고 경제를 불안정하게 만든다고 보았거든.

정부의 경제부처에서 일한 적이 있었던 프리드먼은 경제학 교수가 된 후에도 공공 정책과 관련된 활동에 적극적으로 참여했어. 1976년 노벨경제학상 수상 소식을 들었던 날에도 균형예산과 정부 지출 제한이 핵심인 자치주 헌법 개정안 통과를 위해 지방 순회 연설이 예정되어 있었지. 그가 재정 정책을 비판하는 이유는 정부 지출은 민간 소비와 기업 투자를 밀어낸다고 보았기 때문이야.

경제를 살리기 위해 정부가 지출을 늘리는 재정 정책을 실행하려면 세금을 늘리거나 채권을 발행해 돈을 빌려야 해. 세금을 늘려서 사람들이 쓸 돈이 줄면 경제는 더욱 침체할 수 있으므로, 보

◆ 《세상에서 가장 쓸모 있는 경제학》, 석혜원, 풀빛, 2024, 103~107쪽 참조

통 채권을 발행해 돈을 빌리는 방법을 택하게 돼.

프리드먼은 정부가 돈을 빌리면 기업이 빌릴 수 있는 돈이 줄어든다고 보았어. 정부가 돈을 빌리려고 채권을 발행해서 채권 공급이 늘어나면 채권의 시장가격은 내려가.

37쪽에서 채권의 시장가격이 내려가면 금리는 올라간다고 했

지? 금리가 올라가 이자 부담이 커진다면 기업은 계획했던 투자를 줄일 수 있어. 결과적으로 정부 지출이 늘면 기업의 투자는 줄어든다고 본 거야. 그는 이를 **구축효과**(Crowding-out Effect)라고 했어.

게다가 프리드먼은 정부의 역할을 그리 높이 평가하지 않았어. '정부는 최상의 종이와 잉크를 사용하지만, 그 결과는 쓸모가 없다'고 하거나 '경영이 어려워지면 기업은 구조 조정을 통해 규모를 축소하지만, 정부는 기구를 더 늘린다'고 말했을 정도로. 그러니까 효율성이 떨어지는 정부의 지출이 늘고 기업의 투자가 줄면 오히려 전체 경제활동의 효율성은 떨어질 거라고 판단했지. 그래서 정부 지출은 경제 살리기에 아무런 효과가 없다고 주장했던 거야.

중앙은행이 샤워실의 바보? 

밀턴 프리드먼은 재정 정책을 비판하고 통화정책을 옹호했지만, 중앙은행이 경제 상황에 맞춰 임의로 통화량을 조절하는 일도 아주 위험하다고 보았어. 이런 일이 오히려 경기변동 폭을 크게 만들 수 있다고 했지. 경기의 고점과 저점을 판단하는 게 쉽지 않고, 설령 경기를 정확하게 판단하더라도 정책을 결정하는 데 걸리는 시간 때문에 적절한 시기를 놓칠 수도 있다고 보았거든.

그래서 경제성장률이나 물가 상승률을 고려하여 일정한 고정 비율(K%)을 정한 후 이에 따라 통화량을 조절하는 **K% 준칙**(K% Rule)을 제안했어. 중앙은행이 통화량을 해마다 일정한 비율(K%)로 조절하면 경제 주체들이 통화량을 예측할 수 있어서 가장 안전하다고 본 거야. 아주 단순하고 예측할 수 있는 규칙을 따르는 정책이 가장 좋다는 의도로 만든 K% 준칙은 실제 정책으로는 거의 사용되지 않아. 그러나 중앙은행이 임의로 통화량을 조절하는 통화정책이 가진 위험성을 일깨워 주어서 역사적·이론적인 의미는 커.

밀턴 프리드먼은 통화정책을 주관하는 중앙은행이 **샤워실의 바보**가 될 수 있다고 경고했어. 샤워할 때 처음 수도꼭지를 틀면 찬물이 나오고, 조금 기다려야 물이 적당한 온도로 바뀌지? 그런데 그새를 기다리지 못하고 뜨거운 물 쪽으로 수도꼭지를 확 돌려 버리는 바보도 있어. 그래서 너무 뜨거운 물이 나오면 다시 찬물이 나오는 쪽으로 수도꼭지를 돌리지. 그는 적절하지 않은 시기에 금리를 올리거나 내리는 중앙은행을 이런 바보에 빗대어 '샤워실의 바보'라고 했어.

실제로 일본에서는 '샤워실의 바보'를 닮은 일이 일어났어. 1980년대와 1990년대 일본의 금리 변화를 살펴볼래? 1985년 플

 　　　　　　2장 경제학, 거꾸로 조명하고 새로운 분석을 제시한다

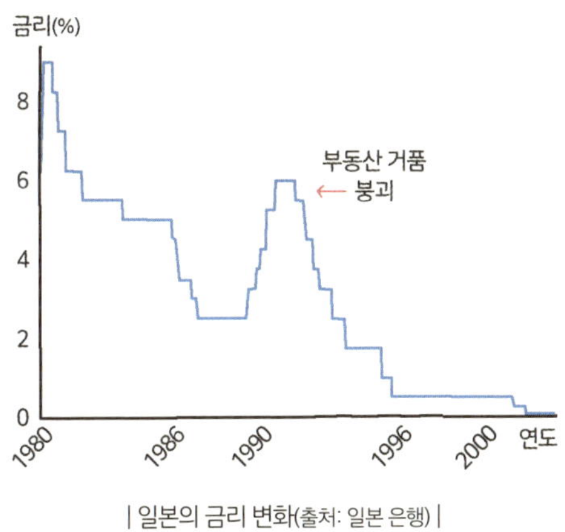

| 일본의 금리 변화(출처: 일본 은행) |

라자 합의 이후 급속한 엔화 가치의 상승으로 수출이 줄며 경제 침체가 일어나자 일본 은행은 1986년 1월 5%였던 금리를 1989년에는 2.5%까지 내렸어. 통화정책이 효과를 내면서 투자가 확대되고 소비가 증가하며 경기는 빠르게 회복되었지. 그런데 낮은 금리에 매력을 느끼지 못한 일본 기업과 사람들이 부동산과 주식을 사들이기 시작했어. 부동산 수요가 증가하며 가격이 계속 오르자 과도한 대출을 받아서 국내뿐만 아니라 해외에 있는 부동산까지 사들였지.

부동산 가격이 갑자기 큰 폭으로 오르는 데 위기를 느낀 일본 은행은 1989년 5월부터 1990년 8월까지 금리를 2.5%에서 6%까지 급격하게 올렸어. 대출을 받아 부동산을 매입했던 기업이나 사람들은 이자 부담을 견디지 못하고 부동산을 되팔았어. 부동산 거품이 꺼지면서 다시 경제는 침체했고. 일본 은행은 단계적으로 금리를 인하해 1995년에는 0.5%, 1999년에는 사실상 0%로 낮췄지. 그러나 금리를 낮추는 시점이 너무 늦어 효과는 제한적이었고, 일본 경제는 장기 디플레이션에 빠졌어. 1990년대 일본 은행의 통화정책은 경제 정책을 실행할 때 타이밍이 얼마나 중요한지 알려주는 대표적인 사례이지.

플라자 합의 이후 일본의 경제 침체

플라자 합의 당시 엔화 환율은 달러당 240엔이었는데, 1987년에는 약 120엔까지 평가 절상되었다. 그러자 예전에는 240엔인 일본 상품을 사려면 1달러만 주면 되었지만, 이제는 거의 2달러가 필요해진 것이었다. 세계시장에서 일본 상품 가격이 두 배로 뛴 셈이니 수출은 줄 수밖에 없었다. 수출이 줄면서 일본의 경제 성장률은 1985년 6.3%에서 1986년 2.8%로 하락했다.(출처: 일본 내각부의 장기경제통계)

수출 경쟁력이 떨어진 일본 기업들은 해외로 공장을 옮기게 되었고, 국내 제조업 분야의 일자리는 줄어들었다. 여기에 통화정책의 실패로 부동산 시장의 거품 형성과 붕괴가 더해져 일본은 오랫동안 경제 침체를 겪게 되었다.

정부와 의회는 이익집단에 사로잡혔다?

George J. Stigler

조지 스티글러

1911~1991

피자가 채소라고? 

내 카톡 배경 화면이 멋지다고? 재택근무 하다가 가끔 가는 호텔 로비 라운지 사진이야. 일이 잘 안될 때 거기에 가면 오히려 집중이 잘 돼. 약간 시끄러운데도 말이야.

로비는 건물의 내부와 외부가 연결되는 통로 역할을 하는 공간을 말해. 그런데 정치인이나 공무원에게 특정 의견이나 이익을 위해 영향을 주려는 행위도 로비라고 하지? 국회의사당에서 의원들이 잠깐 쉴 수 있도록 마련된 방도 로비라고 하거든. 여기에서 여러 청탁이 이루어지면서 정부나 의회의 권력자에게 이해 문제를 진정하거나 탄원하는 일도 로비라고 하게 되었지. 이익집단을 위해서 로비 활동을 하는 사람들은 로비스트라 부르고.

한국은 로비가 법으로 금지되어 있어. 그런데 미국에서는 로비스트의 활동과 청탁을 허용해. 1946년 만들어진 '연방 로비 규제법'은 로비스트의 등록과 활동 내용 보고를 의무화했어. 은밀하게 이루어졌던 로비가 법이 정하는 범위 내에서 드러내 놓고 할 수 있게 된 거지. 그리고 1995년 만들어진 '로비 명세법'에서는 정책 및 법안을 만들거나 결정하는 사람들과의 직접적인 접촉 외에도 이에 영향을 주기 위한 준비 작업도 로비에 속한다고 규정했어.

　　　　2장 경제학, 거꾸로 조명하고 새로운 분석을 제시한다

로비스트의 개념도 업무 시간의 20% 이상을 의원, 의원사무실 직원, 정부 관리와 접촉하는 사람으로 넓혔고. 미국에 등록된 로비스트는 대략 1만 3,000명(2024년 기준)이야.

미국처럼 공개적이든 한국처럼 은밀하든 어느 나라에서나 로비는 이루어져. 미국의 경제학자 조지 스티글러가 말했던 정부와 의회가 이익집단에 포획되는 일도 끊임없이 벌어지고. 예를 들면 2011년 미국 상원에서는 비만의 원인인 페퍼로니 피자를 학교 급

| 2011년 미국 상원은 피자를 채소로 분류하여
피자를 급식 메뉴에서 제외하려는 법안을 부결시켰다.
이는 정부와 의회가 이익집단에 포획된 대표적인 사례이다.
(출처: 위키미디어커먼스) |

포획 이론

싱싱 채소
오늘 막 들어온
싱싱한 피자 사세요!
피자가
채소라고?
쯧쯧. 국회처럼
채소 가게도 이익집단에
포획당했군.
조지 스티글러

식 메뉴에서 제외하려는 법안이 통과되지 못했어. 의원들이 '피자는 채소'라고 주장하는 피자 납품업자들의 대대적인 로비에 굴복했거든. 피자 재료인 토마토 페이스트가 채소로 분류되니까 피자는 채소라는 거야. 이를 풍자한 노래 'Pizza is a vegetable'이 만들어질 정도로 어이없는 일이 벌어졌던 거지.

왜 비효율적인 규제와 정책이 나올까? 

1982년 조지 스티글러는 '산업구조와 시장 기능, 정부 규제의 원인과 효과'에 대한 연구 업적으로 노벨경제학상을 받았어. 그는 〈경제 규제 이론〉(1971년)이라는 논문에서 정부가 특정 이익집단에게만 혜택을 주는 비효율적인 규제와 정책을 내놓는 것은 무능해서가 아니라 **이익집단에 포획**(captured)되어서라고 주장했지. 그리고 이런 불필요하고 비능률적인 규제가 경제활동에 끼치는 악영향을 밝혀내야 한다고 외쳤어. 이익집단에 포획되는 일을 줄이려면 시장에서 자유경쟁이 이루어지도록 정부는 작은 정부로 남아야 한다고도 했고. 규제가 공익이 아니라, 오히려 규제를 받는 산업이나 이익집단을 위해 만들어지고 운영된다고 했지.

이 이론은 규제 완화 정책의 이론적 기반이 되었어. 그래서

1970년대 후반부터 1980년대 중반까지 미국에서는 항공산업, 트럭·철도 운송업, 통신산업, 금융업 등에서 규제가 완화되었지. 규제 완화로 소비자의 편익이 늘어났느냐고? 그럼. 예를 들어 항공산업을 규제했을 때는 항공사 간 경쟁이 제한되고, 요금이 인위적으로 높게 유지되며, 소비자 선택권이 제한되었어. 그런데 1978년 '항공 규제 완화법'이 마련되어 노선 자유화, 신규 진입 허용, 요금 자유화가 이루어지자, 저가 항공이 등장하여 소비자의 선택권이 늘어났고, 요금도 저렴해졌지.

1911년 워싱턴주 시애틀에서 태어난 스티글러는 워싱턴대학교를 졸업한 후 1932년 노스웨스턴대학교에서 경영학 석사학위를 취득했어. 그런데 경제학에 관심을 가지게 되어 1933년 시카고대학교에서 경제학을 공부하게 되었지. 1938년에 경제학 박사학위를 받은 후 아이오와, 브라운, 컬럼비아 대학교를 거쳐 1958년부터 시카고대학교의 교수가 되었어.

그는 〈정보경제학〉(1961년)을 자신이 경제학 발전에 가장 기여한 논문으로 꼽았어. 다른 분야는 다른 경제학자들이 먼저 발을 들여놓았지만, 이 분야는 자기가 처음으로 연구를 시작했기 때문이라고.

그는 왜 모든 재화와 서비스가 일정한 시점에 동일한 가격이 아

     2장 경제학, 거꾸로 조명하고 새로운 분석을 제시한다

니라 다양한 가격으로 거래되는지 궁금해했어. 그리고 이는 정보의 불완전성 때문이라는 걸 밝혀냈지. 같은 물건을 비싸게 사지 않으려면 어디에서 얼마에 파는지 시간과 노력을 들여서 정보를 찾아야 하잖아. 사람들은 이러한 정보 탐색 비용을 고려하게 되므로 거래할 때마다 모든 정보를 탐색하지는 않아. 그래서 일정한 시점에 같은 상품이 서로 다른 가격으로 거래되는 현상을 이론적으로 설명했어.

이익집단

사회가 다양하고 전문화될수록 집단 간의 이해가 충돌하는 경우는 늘어난다. **이익집단**은 이해관계를 같이 하는 사람들이 공동의 이익을 얻기 위해 만든 단체이다. 정부의 정책 결정에 영향력을 주기 위해 행동하므로 **압력단체**라고도 한다.

한국에서는 한국노동조합총연맹, 전국민주노동조합총연맹 같은 노동자 단체, 전국경제인연합회, 한국경영자총협회 같은 사용자 단체, 대한변호사협회, 대한의사협회, 대한약사협회 같은 전문가 단체, 그리고 시민운동단체나 지역주민단체 등 다양한 이익집단이 활동하고 있다.

이익집단은 자신들의 이익이 반영된 정책이 만들어지도록 정책을 건의하거나 집회 및 시위, 홍보 활동, 언론 보도, 파업 등의 활동을 한다.

정부 개입 없이 외부효과를 해결한다?

Ronald Harry Coase

로널드 해리 코스

1910~2013

기업은 왜 만들어졌을까?

지나친 생산과 소비로 인해 환경문제가 심각해지면서 기업이 생산 활동을 하면서 발생시키는 환경오염에 대해 책임을 물어야 한다는 목소리가 높아졌어. 더불어 거래비용을 연구했던 경제학자 로널드 해리 코스도 유명해졌고. 1991년 시카고대학교 법학대학의 경제학 명예교수였던 그가 노벨경제학상 수상자로 결정되자 다른 경제학자들은 깜짝 놀랐어. 다른 경제학자에게 코스의 연구 대상이나 방법은 경제학적으로 보이지 않았거든. 경제학자 대부분이 어려운 수학적 모델을 활용한 경제 분석을 했던 시기였는데, 코스는 재산권, 법, 기업에 대한 연구 논문을 쓰면서 수리 모형이나 수학 공식을 전혀 사용하지 않았으니까.

1910년 영국 런던 근교에서 태어났던 코스는 어린 시절에 교정기를 끼고 다녀야 할 정도로 다리가 약했어. 신체적 장애인을 위한 학교에 다녔던 그는 다른 청소년보다 1년 늦게 중등학교에 진학할 수 있었어. 1929년 런던정치경제대학교 상학과(지금의 경영학과에 해당)에 입학했던 코스는 4학년 때 경제학에 관심이 생겼지. 아놀드 플랜트(Arnold Plant) 교수의 세미나에서 '보이지 않는 손'에 대한 열띤 토론을 듣고 경제학에 매료되었거든.

그는 자신이 경제학 분야에서 공식 교육을 받지 않고 경제학을 연구하게 된 것이 큰 장점이라고 했어. 무엇을 다루는지 배우지 않아서 무엇을 다루고 다루지 말아야 할지 제약 없이 엄청난 자유를 누리며 경제 문제를 연구할 수 있었다고.

코스는 논문 〈기업의 본질〉(1937년)에서 거래 비용 문제를 분석했어. 그가 거래 비용에 관심을 가지게 된 것은 대학생이었던 1931년~1932년 미국에서 기업 경영 방법 조사를 하게 되면서부터였어. 기업 경영자에게 왜 일부 원재료는 기업이 스스로 생산하고, 일부는 시장에서 구매하는지를 질문했는데 이에 대한 대답을 듣고 매우 놀랐대. 그들이 꼼꼼하게 계산하고 예리하게 판단하며 원재료를 직접 생산할지 시장에서 구매할지 결정한다는 사실이 아주 신선하게 느껴졌나 봐.

그때까지 경제학은 비용을 따질 때 재료비와 임금 등 생산 비용만 다루었고, 시장에서 거래할 때 발생하는 거래 비용은 무시했어. 그런데 기업이 거래 비용을 따진 후 생산 요소를 적절히 조달하며 경영하는 것을 알고, 기업은 거래 비용을 줄이기 위해 만들어진 조직임을 깨닫게 되었다고 했지. 코스는 영국으로 돌아가 여러 대학교에서 보조 강사로 일하면서, 본격적으로 기업을 연구하기 시작했어. 그리고 작성한 논문이 바로 〈기업의 본질〉이야.

 2장 경제학, 거꾸로 조명하고 새로운 분석을 제시한다

그는 시장에서의 거래는 이를 통해 얻어지는 이익이 비용보다 클 때 이루어진다고 했어. 거래 비용이란 계약 상대방을 찾고, 계약 조건을 협상하고, 계약 이행을 감시하는 데 들어가는 모든 비용을 뜻해. 모든 생산 요소를 일일이 거래와 계약을 통해 조달하면 거래 비용이 많아져. 그래서 이를 줄이려고 사람들을 고용하여 일을 처리하는 조직을 만들게 되었는데, 이런 조직이 기업이라는 거야. 국가 전체로 보면 기업 활동이 활발해질수록 사회적 거래 비용은 낮아지니까 국가의 이익은 커진다고 했어. 그러나 발표 당시에 이 논문은 별 관심을 끌지 못했단다. 그때만 해도 기업이란 주제에 관심을 가졌던 경제학자는 아무도 없었거든.

코스의 정리를 놓고 벌어진 논쟁 

미국에서 경제학을 연구하고 싶었던 코스는 1951년 미국으로 이민 갔어. 처음에는 버팔로대학교에서 일했고, 1958년에 버지니아대학으로 자리를 옮겼지. 그는 라디오 주파수 스펙트럼 사용권을 검토하면서 재산권 제도에도 관심을 가지게 되었어.

거래 비용과 재산권을 다룬 논문 〈사회 비용의 문제〉(1960년)는 경제학계에 신선한 충격을 주었어. 이 논문에 등장한 것이 **코스의**

정리야. 코스의 정리는 거래 비용이 없고 재산권 즉 소유권이 명확

하게 정해져 있다면, 자원의 권리가 누구에게 있든 상관없이 효율

적인 방식으로 배분된다는 이론이야. 예를 들어 공장의 매연으로

주민이 피해를 볼 때, 협상 비용이 들지 않고 서로 자유롭게 협상

할 수 있다면, 오염의 정도나 보상금은 전체 사회적 이익이 최대가

되는 수준으로 조정된다는 거야. 따라서 정부 개입이 없어도 외부 효과 문제는 시장의 자율적 협상을 통해 해결할 수 있다고 했어.

고개를 갸우뚱하는 걸 보니 이해가 되지 않나 봐? 코스 정리의 첫 단계는 재산권이 누구에게 있는지 명확히 하는 것이야. 우선 주민과 공장은 서로의 권리에 대해 합의점을 찾아야 해. 만약 주민이 깨끗한 공기를 누릴 권리를 갖는다면 공장은 주민에게 매연 배출에 따른 보상을 해야 해. 공장이 일정 정도의 매연을 배출할 권리를 갖는다면 주민은 피해를 최소로 줄이는 조치를 요구하거나, 피해를 받아들이고 보상을 받아야지? 다음은 이를 기준으로 해결 방법을 정해.

현실에서는 주민이나 공장 어느 한쪽만이 권리를 갖는 건 아닐 거야. 그래서 공장은 매연을 줄이는 장치를 설치하거나 작업 시간을 조정하여 매연을 줄이고, 주민은 보상금 수령 등 피해 보상을 받고 일부 피해를 감수하는 절충 방안이 정해지겠지? 아무튼 공장과 주민이 서로 협상하여 둘 다 비용을 가장 적게 들이며 만족도는 가장 큰 쪽의 해결책을 찾았다고 하자. 그러면 공장은 필요 이상으로 돈을 많이 쓰지 않고, 주민은 필요 이상으로 큰 피해를 보지 않는 수준에서 매연 배출량이 결정돼. 코스의 이론을 적용하자면 사회 전체로 볼 때 각자가 가장 현명한 선택을 하여 정부 개입 없이 외부불경제를 해결한 거지.

코스의 논문이 널리 알려진 것은 1982년 노벨경제학상 수상자였던 조지 스티글러 덕분이야. 스티글러가 코스의 주장에 '코스의 정리'라는 이름을 붙이고, 그가 외부효과 분석의 새로운 패러다임을 제시했다고 지지했거든. 그러자 다른 경제학자들이 코스의 주장을 공격하거나 옹호하는 논문을 발표하면서 '코스의 정리'는 더욱 유명해졌지.

왜 다른 경제학자들의 의견이 엇갈렸느냐고? 실제로 외부효과 문제를 해결하기 위해 당사자들이 만나서 대화하는 일은 쉽지 않잖아. 앞에서 예로 든 매연으로 피해를 입는 주민의 사례에서도 협상 대상인 주민수가 많거나, 협상 참여가 어렵다면 협상 자체가 어려워. 게다가 '코스의 정리'에서 말했던 소유권과 거래 비용에 대한 전제 조건을 충족하는 상황은 드물지. 재산권을 정의하려면 기준이 필요하고, 피해 정도와 피해를 줄이기 위한 비용을 정확히 측정하는 일도 쉽지 않잖아. 설사 조건이 충족되어 합의가 이루어져도 외부효과 자체가 없어진 게 아니라 이를 둘러싼 분쟁만 해결된 거고. 그래서 이래저래 논쟁거리가 많은 거지.

코스는 기업이 일으키는 부정적인 외부효과의 원인과 해결 방법도 비용이라는 개념으로 접근했어. 기업이 환경을 파괴하며 생

| 기후 문제 해결을 위한 시위에 참가한 오스트레일리아 청소년들.
로널드 해리 코스는 환경 파괴를 일으키는 생산 방식에 대해 더 높은 비용을 치르게 하면
이를 줄일 수 있다고 했다.(출처: 위키미디어커먼스) |

산하는 어리석은 행동은 그것이 가장 저렴한 생산 방식이기 때문이라는 거지. 어리석은 행동을 줄이려면 이런 생산 방식에 대해 더 높은 비용을 치르게 하면 된다고 주장했고. 이런 주장은 탄소 배출권 거래제와 같은 시장 기반의 환경 정책을 세울 때 이론적 토대가 되었어.

탄소 배출권 거래제(Emissions Trading Systems, ETS)

탄소 배출권 거래제는 정부가 온실가스 총배출량을 정하고, 기업에 배출권을 할당한 후, 이 권리를 시장에서 자유롭게 거래하도록 허용하는 제도이다.

정부는 '탄소를 배출할 수 있는 권리'라는 재산권을 명확히 설정하고, 그 총량을 정하는 역할만 한다. 탄소를 줄이는 데 들어가는 비용이 작은 기업은 할당량보다 더 많이 감축한 후 배출권을 판다. 감축 비용이 큰 기업은 배출권을 사서 할당량보다 더 많은 탄소를 배출한다. 이런 거래를 통해 사회 전체적으로는 최소의 비용으로 동일한 감축 목표를 달성하게 된다.

그래서 탄소 배출권 거래제는 코스의 정리에서 제시된 '명확한 재산권 설정'과 '자발적 협상에 의한 효율적 자원 배분'이라는 원리를 제도화한 대표적인 사례라는 평가를 받는다.

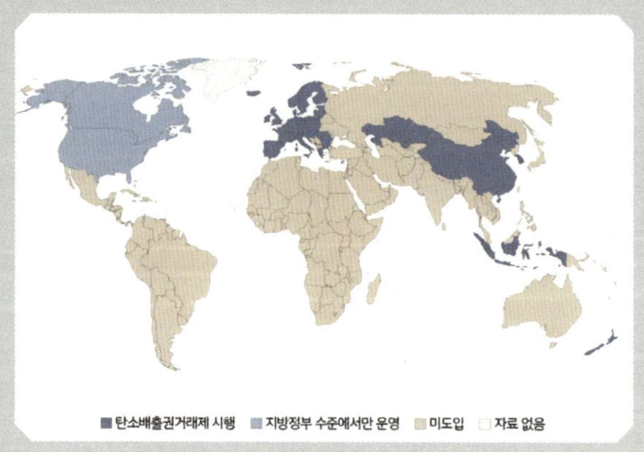

| 탄소 배출권 거래제 시행 현황 (2024년 기준)(출처:위키미디어커먼스) |

2장 경제학, 거꾸로 조명하고 새로운 분석을 제시한다

사람에 대한 교육과 훈련은 투자다?

Gary S. Becker

게리 베커

1930~2014

21세기 일등 국가가 되는 길 

2008년 9월 4일 오후 서울 워커힐 호텔에서는 SK경영경제연구소 주최로 '21세기 일등 국가가 되는 길'이라는 세미나가 열렸어. 이 세미나에서 1992년 노벨경제학상 수상자인 게리 베커 교수는 '고등교육, 세계화, 그리고 경제적 진보'라는 제목의 특별 강연을 했지. 참석자 200여 명이 귀를 쫑긋하며 들었던 강연 내용을 요약해 볼게.

첫째, 세계화가 진전될수록 숙련된 기술자, 즉 인적 자본이 더욱 필요하다. 이는 대학 교육 이상의 고등교육을 통해서 얻어진다.

둘째, 한국 경제는 높은 교육열을 바탕으로 계속 성장할 수 있었다. 1970년대와 비교하여 한국에서 대학 교육을 마친 사람이 미국이나 일본에 비해 폭발적으로 늘어나 고등교육을 받은 사람의 비중이 급속히 커졌다.

셋째, 그러나 인적 자본은 경제성장을 위한 필요조건이지 충분조건은 아니다. 21세기 일등 국가가 되려면 인적 자본을 충분히 활용할 수 있는 여건이 필요하다. 경쟁적인 시장, 노동과 상품 시장의 유연성, 기업 경영을 하기 좋은 환경 등이 갖추어져야 한다.

노벨경제학상 수상자의 강연 내용이 평범하다고? 우아, 이런

내용이 놀랍지 않다니 제법인걸!

그런데 1960년대까지만 해도 **인적 자본**은 사람들에게 아주 낯선 말이었어. 게리 베커는 《인적 자본: 특히 교육을 중심으로 한 이론과 실증 분석》(1964년)이라는 책을 발간했어. 인간의 생산능력을 인적 자본이라고 하자 이에 반발하는 사람들이 제법 있었지. 이를 '인적 가축 떼(human cattle)'라고 바꾸어 부르며 비웃기도 했고. 기존 경제학에서 자본은 기계나 설비를 뜻하는데 사람이 자본이라니 인간의 존엄성을 해친 표현으로 느껴졌거든. 그러나 이제 인적 자본은 경제 용어로 굳어졌고, 사람에 대한 교육과 훈련은 생산능력 향상을 위한 투자이고, 질 좋은 인적 자본을 쌓으려면 국가가 교육을 중시해야 한다는 걸 누구나 인정하게 되었어.

　게리 베커는 과거 경제학이 다루지 않았던 인간 행동과 사회현상을 경제학적으로 연구하는 분야의 개척자였어. 이전 경제학은 재화와 서비스를 생산하고 소비하는 경제활동을 연구 대상으로 삼았는데, 그는 모든 사회문제를 경제학의 영역으로 만들어 버렸지. 사람은 행동하기 전에 만족감이나 편익, 말하자면 효용과 비용을 따져보고 이익이 가장 큰 쪽을 선택한다고 판단했고, 인종차별, 결혼과 이혼, 출산, 범죄, 마약중독 등 모든 행위는 이익과 손해를 계산한 선택의 결과라는 것을 명쾌하게 증명했거든. 그는 자신의 연구를 부정적으로 보는 사람들이 많았지만, 사회문제에 대한 경제학적 접근이 언젠가는 인정받을 거라고 확신했대.

인종차별에 대한 경제학적 분석 

게리 베커는 1930년 미국 펜실베이니아주 포츠빌에서 태어났어. 어린 시절에는 공부보다 스포츠에 관심이 많았는데, 16세에 갑자기 수학과 과학에 관심이 생겼대. 17세에 프린스턴대학교에 진학하여 폴 새뮤얼슨의 《경제학》(1948년)을 교재로 공부하면서 미시경제학에 빠져들었어. 치밀한 수학적 기반을 가지고 사회문제를 다루는 방식이 너무 매력적으로 느껴졌다나.

그는 미국 사회의 병폐인 인종차별을 경제학적으로 분석한 논문을 쓰고 시카고대학교에서 경제학 박사학위를 받았어. 이 논문을 바탕으로 《차별의 경제학》(1957년)이란 책이 출간되었지.

혹시 《사라, 버스를 타다》라는 책을 읽어 봤니? 1955년 12월 로사 팍스라는 흑인 여성이 미국 앨라배마주 몽고메리에서 백인 승객에게 자리를 양보하지 않아서 체포된 사건을 다룬 책이야. 이 사건은 마틴 루터 킹 목사가 이끈 '몽고메리 버스 승차 거부 운동'으로 이어졌어. 이 운동은 미국 흑인 인권 운동의 도화선이 되었지. 1년 후 버스에서의 인종차별은 위법이라는 판결이 났어.

이런 시대라 인종차별을 주제로 논문을 쓴다면 경제학자로서 경력에 좋지 않은 영향을 미칠 거라는 충고도 들었지. 차별은 경제적 비용만으로 설명될 수 없고 제도·문화·정치적 요소가 강하므로 사회학이나 정치학의 주제이지 경제학이 다룰 주제는 아니라는 말도 들었고. 그러나 그는 자신의 신념에 따라 정한 주제로 논문을 썼던 거야.

이 논문에서 다룬 인종차별은 '기업가가 동일한 능력을 지닌 흑인 대신 임금을 더 주고서라도 백인을 고용하려는 것'을 말해. 그는 흑인과 백인 간 임금을 비교해 '차별 계수'라는 개념을 만들었어. 두 사람의 능력에 차이가 없지만 백인을 고용하고 높은 임금을 지급하면 흑인을 고용하여 더 낮은 비용으로 생산할 기회를 포기한 거니까 차별에는 비용이 발생해. 그런데 경쟁 시장에서는 생산 비용을 적게 들이고 제품을 생산해야 경쟁력이 생겨. 굳이 임금을 더 주고 백인을 고용하지 않을 테니 인종차별이 생기지 않겠지. 그러나 독점 시장에서는 경쟁 기업이 없으므로 생산 비용이 더 들더라도 백인을 고용한다는 거야. 결론은 시장이 경쟁적일수록 인종차별의 정도가 낮아진다는 것이었어.

낮은 출산율 때문에 한국의 잠재성장률이 낮아졌다고 걱정하는 말을 들었지? 게리 베커는 사람들은 결혼과 이혼, 출산도 편익과 비용을 따져보고 선택한다고 했어. 자녀를 기르며 얻는 기쁨보다 양육에 드는 노동과 경제적 비용이 더 크다면 출산율이 낮아져. 그러니까 출산율을 높이려면 출산의 효용은 높이고 비용은 낮추는 정책을 세워야 해.

사회문제를 경제학적으로 분석했던 베커는 범죄를 예방하려면 형량을 높이고, 징역보다 벌금을 부과해서 범죄로 인한 사회문제

　　　　2장 경제학, 거꾸로 조명하고 새로운 분석을 제시한다

를 줄이는 것이 좋다고 했어. 범죄자는 체포될 가능성과 체포됐을 때 치르는 대가를 따져본 다음 범행을 저지른다고 판단했거든.

학문의 경계를 무너뜨리면서 경제학의 영역을 넓혔던 그의 연구는 사회학, 인구학, 범죄학은 물론 사회정책에 큰 영향을 미쳤어. 그리고 '경제학계의 이단아'라고 했던 비난은 '미시경제학의 혁명가'라는 찬사로 바뀌었지.

무상교육

국가의 **무상교육**은 인적 자본에 대한 투자이다. 교육을 통해 미래 세대는 글을 읽고 쓸 수 있는 능력, 경제적 판단을 할 수 있는 능력, 과거의 실패를 되돌아보고 새로운 아이디어를 떠올리는 능력 등을 갖추게 된다. 어린이나 청소년들이 똑똑해지면 국가는 더욱 발전하게 되므로 무상교육은 경제 발전을 이끄는 효과가 있다.

'사회자본'을 쌓기 위해서도 무상교육은 필요하다. 사회자본이란 국민 사이에 신뢰를 형성하고 협동을 가능하게 하는 규범이다. 사회자본이 풍족해져서 서로 돕고 함께 노력해 잘살자는 분위기가 살아나면 국가 발전에 긍정적인 효과를 준다. 반대로 서로 미워하고 남이 잘되는 것을 싫어하여 벌이는 다툼은 발전을 해친다.

세율을 낮추면 일할 의욕이 생긴다?

Arthur B. Laffer

·아서 래퍼·

1940~

세금은 정부 마음대로 걸을 수 있다?

경제 뉴스에서 자주 나오는 말 중 하나가 세금이지? 세금 이야기가 나오면 가장 먼저 언급되는 경제학자를 소개하려고 해. 세금이라는 말을 듣고 긴장하는 게 느껴지네. 심심풀이 땅콩 같은 세금 이야기부터 들려줄 테니 긴장을 풀어.

오랫동안 몽골 제국의 지배를 받다가 15세기 말에 독립했던 러시아는 서유럽보다 근대화가 늦었어. 17세기 말, 표트르 대제는 개혁을 실행하기 전 신분을 숨기고 서유럽을 돌면서 선진 문물을 살펴보았어. 네덜란드에서는 조선소에 취업해서 배 만드는 기술을 익히기도 했고. 이런 경험을 하며 근대화를 위해서는 보수적인 전통부터 깨뜨려야 한다고 생각하게 되었지. 러시아로 돌아온 표트르 대제는 귀족들에게 풍성하고 소매가 긴 전통 복장 대신 서유럽식 옷을 입도록 권장했어. 러시아 남성의 상징인 수염을 자르라는 명령도 내렸고. 그러나 수염을 신성하게 여겼던 사람들이 명령을 따르지 않자, 다음 조치로 수염을 기르면 수염세를 내게 했단

| **수염세 납부 증표**(1705년)
"수염은 쓸모없는 짐이다"라는 문구가 새겨져 있다.
(출처: 위키미디어커먼스) |

다. 수염세를 낸 사람에게는 이를 증명하는 토큰을 주었는데, 토큰 없이 수염을 기른 경우에는 강제로 수염을 깎아 버렸어.

표트르 대제는 전통 관습을 개혁하려는 문화·정치적 목적에서 수염세를 만들었어. 하지만 세금의 본래 목적은 국가 운영에 필요한 돈을 마련하는 데 있어.

정부나 지방자치단체는 세금을 걷어서 나라 살림을 해. 그러니까 세금은 국민이 나라 살림을 위해 나누어 내는 공동 경비라고 할 수 있지. 세금은 범죄 예방과 치안, 국방, 학교 교육, 지하철이나 도로 건설, 수도나 전기 시설 유지 등 나라의 안전, 국민 교육, 기본적인 사회간접자본 건설을 위해 사용해. 그리고 어려운 사람들을 돕고, 일자리를 늘리고, 국민 삶의 질을 높이는 사회보장제도를 실행하는 등 국민의 복지 향상을 위한 일에도 쓰이지.

세금은 국민을 위해 쓰는 돈이지만 정부는 돈이 필요하다고 무조건 세금을 내라고 할 순 없어. 세금을 누가 얼마만큼 내고, 어디에 사용하는지는 국민을 대표하는 기관인 국회에서 결정하거든. 정부가 세금을 어디에 어떻게 쓸 것인지를 계획하는 예산안을 만들어 국회에 제출하면, 국회가 이를 심사하여 최종적으로 결정해. 이처럼 국회에서 정한 법률에 따라서만 세금을 거둘 수 있는 원칙을 '조세법률주의'라고 해. 국회는 정부가 세금을 써야 할 곳에 올바르게 썼는지 검토하는 일도 맡고 있어.

마음대로 세금을 걷을 수 있는 건 아니지만, 경제 상황에 따라 세금을 덜 걷거나 더 거두는 재정 정책을 주도하는 건 정부야. 세금을 덜 걷거나 더 거두려고 할 때 정부가 할 수 있는 가장 손쉬운 방법은 세율을 내리거나 올리는 거지. 그런데 경제를 살리기 위해 투자를 늘리려면 세율을 낮추어야 한다는 주장을 펼 때마다 주목받는 그래프가 있어. 바로 미국의 경제학자 아서 래퍼 교수의 이름이 들어간 **래퍼 곡선**이야. 세율과 조세 수입 간의 관계를 나타내는 그래프지.

래퍼 곡선을 자세히 살펴보자. 세율이 0%라고 하면 세금 수입이 없겠지. 이 세율을 점차 높여 가면 세금 수입이 증가해. 그런데 세율이 적정 수준을 넘어서면 오히려 세금 수입이 줄어들어. 만약

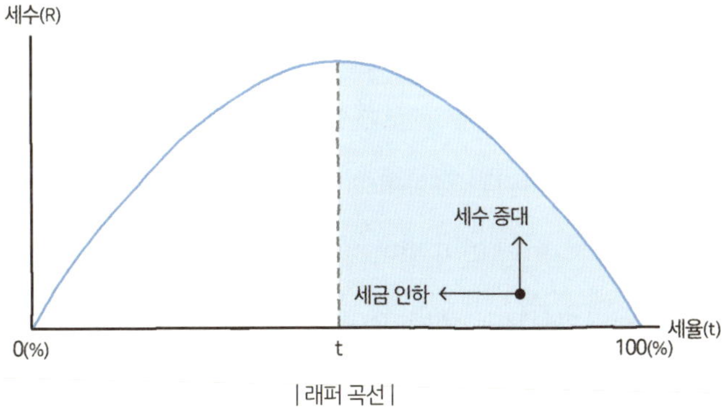

| 래퍼 곡선 |

세율이 100%라면 모든 소득을 전부 세금으로 내야 하므로 돈 버는 일을 아예 하지 않아서 세금 수입이 전혀 없게 돼.

어느 정도가 적절한 세율일까? 

1974년 9월, 시카고대학의 아서 래퍼 교수는 워싱턴의 한 식당에서 제럴드 포드 대통령의 측근들과 저녁 식사를 했어. 그는 예일대학교에서 경제학을 전공하고 스탠포드대학교에서 경제학 석사학위와 박사학위를 받았던 패기 넘치는 젊은 경제학자였지. 당시 미국 경제는 1차 오일쇼크의 영향으로 스태그플레이션이 진행되던 아주 우울한 상황이었어. 경제 침체 때문에 세금이 걷히지 않아서 포드 대통령은 세율 인상 카드를 만지작거렸지. 식사 중에 래퍼 교수는 세율 인상은 잘못된 결정이라고 했지.

그는 경제 문제를 수요가 아닌 공급에 초점을 맞춰서 분석했어. 적정 수준에서는 세율을 높이면 세금 수입이 계속 증가하지만, 적정 수준을 넘어 버리면 열심히 일하거나 투자할 의욕을 꺾어 버린다고 판단했지. 이런 일이 벌어지면 오히려 세금 수입이 감소하게 되는데, 미국의 세율은 이미 적정 수준을 벗어났다고 보았어. 당시 미국의 소득세 최고 세율은 거의 70%에 달했거든. 그래서 세

     2장 경제학, 거꾸로 조명하고 새로운 분석을 제시한다

율을 낮추어 일할 의욕을 불러일으켜야 경기가 살아나서 세금 수입이 늘어날 거라고 주장했던 거야.

공급을 중시했던 래퍼 교수는 경제활동이 가장 효율적으로 일

☆ 래퍼 곡선 ☆

어나려면 경제 주체인 개인이나 기업이 노동, 저축, 생산, 소비 등을 스스로 선택할 수 있어야 한다고 생각했어. 그래서 세금이 오르면 사람들이 일을 하거나 저축할 의욕을 잃어버리지만, 세금을 내리면 경제활동이 활발해져서 경제가 성장한다고 보았던 거야.

말로는 부족했는지 래퍼 교수는 냅킨 위에 세율과 조세 수입의 관계를 설명하는 그래프를 그려 보여 주었어. 이 이야기가 알려지면서 그가 그렸던 그래프는 **래퍼 곡선**(Laffer curve)이라고 불리게 되었지. 래퍼 교수는 이는 자신의 아이디어가 아니며, 예전부터 이야기되었던 이론을 그래프로 나타낸 것뿐이라고 밝혔어. 그래도 언론에서 이 그래프를 계속 래퍼 곡선이라고 소개했거든.

대통령 선거를 위한 레이건 행정자문위원회의 창립 멤버였던 래퍼 교수는 레이건 행정부(1981~1989)에서는 대통령의 경제정책 자문위원회 위원으로 일했어. 1차 오일쇼크로 인한 경제 침체기에 취임했던 레이건 대통령은 영화배우 시절, 세금 때문에 1년에 영화 두세 편에만 출연한다고 할 정도로 세금을 싫어했어. 소득세 최고 세율이 90%를 넘었던 때라 소득을 세금으로 거의 다 빼앗긴다고 투덜대기도 했대.

래퍼 곡선이 옳다고 판단했던 레이건 대통령은 개인의 근로 의욕과 기업의 투자 의욕을 높이기 위해 세율을 낮추었지. 미국의

     2장 경제학, 거꾸로 조명하고 새로운 분석을 제시한다

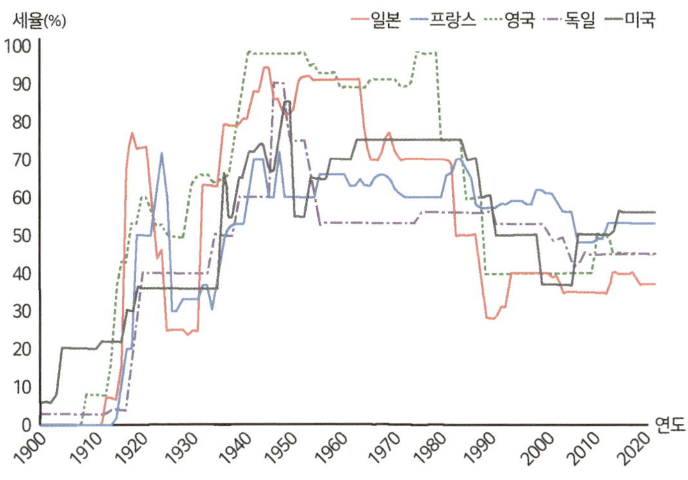

| 세계 5개국 최고 소득세율 변화 1900~2021
(출처: 세계 불평등 보고서 2022) |

레이건 대통령뿐만 아니라 영국의 마거릿 대처 총리도 래퍼 곡선에 동의했어. 이들이 앞장서서 투자를 늘린다는 명분으로 세금을 줄이면서 1980년대에는 세계적인 감세 열풍이 불게 되었지. 식사 중 냅킨에 그렸던 그래프 하나가 이렇게 세계 경제정책에 영향을 끼치게 되었던 거야.

그렇다면 세금을 올렸을 때 세금 수입이 줄어들고 경제 침체를 몰고 오는 세율은 과연 어느 수준일까? 아직 이에 대한 확실한 답을 내놓은 경제학자는 없어. 그만큼 답을 내놓기 어려운 문제라고 봐야겠지?

세금의 종류

중앙정부는 국민 전체를 위해 일하고, 지방자치단체는 지역 주민을 위해 일한다. 따라서 세금도 중앙정부에 내는 '국세'와 지방자치단체에 내는 세금 '지방세'로 나눌 수 있다.

대표적인 국세에는 개인이나 기업이 벌어들인 소득에 매기는 '소득세'와 물건 가격에 포함된 '부가가치세'가 있다. 소득세는 소득 × 소득세율로 정해진다. 소득세율이 같아도 돈을 많이 버는 사람은 돈을 적게 버는 사람보다 세금을 많이 낸다. 그런데 많은 나라에서 소득이 높을수록 소득세율이 더 높아지는 '누진세' 제도를 채택하고 있다. 따라서 소득이 높으면 훨씬 더 많은 세금을 낸다.

대표적인 지방세에는 부동산을 사고 내는 '취득세'와 가지고 있는 부동산에 대해 내는 '재산세'가 있다.

또 세금을 걷는 방법에 따라 세무서에 직접 납부하는 '직접세'와 자기도 모르는 사이에 내는 '간접세'로 나눌 수 있다. 소득세나 물려받은 재산에 대해 내는 상속세는 직접세이고, 부가가치세는 간접세이다.

정부의 정책은 전혀 쓸모없다?

Robert E. Lucas, Jr

로버트 루카스

1937~2023

적응적 기대 vs 합리적 기대

경제활동의 기본적인 가정은 합리적인 선택을 한다는 거야. 어떤 목표가 주어졌다면 이를 가장 효율적으로 달성하는 쪽으로 의사 결정을 한다는 거지. 그런데 미래의 경제활동에 대한 선택은 어떻게 이루어질까? 경제학자들은 미래에 대한 의사 결정은 '적응적 기대'나 '합리적 기대'를 통한 예측을 바탕으로 이루어진다고 보았어. 적응적 기대는 과거의 상황을 기준으로 미래를 예측하는 것이고 합리적 기대는 현재의 모든 정보를 이용해 미래를 예측하는 거야. 무슨 말인지 알쏭달쏭하지?

배터리 충전량이 60%면 9시간 정도 쓸 수 있는 스마트폰을 사용하고 있다고 하자. 오랜만에 야외로 가서 9시간 후에 돌아올 예정인 날이었어. 아침에 배터리 충전량을 확인하니 70%였지. 적응적 기대에 따라 과거의 상황 기준으로 예측하면 배터리 충전량은 충분해. 그런데 그냥 가지고 나갔다가 그날 스마트폰을 평소보다 더 쓰면 낭패를 볼 수 있지. 그렇다면 합리적 기대를 바탕으로 현재 파악할 수 있는 모든 정보를 이용해 예측해 보면 어떨까? 야외로 가면 사진도 찍을 테고 통화나 메시지를 주고받을 일도 많아져 평소보다 배터리가 빨리 닳을 수 있다는 생각이 들어. 그래서 배터리 충전량이 부족할 수 있다고 판단하고 배터리를 더 충전한 다음 집을 나서. 이런 사례를 보면 이론적으로는 합리적 기대가 적응적 기대보다 예측 정확도가 높다고 할 수 있지? 하지만 항상 그렇다고 할 수는 없어. 현재 파악할 수 있는 모든 정보 자체가 잘못된 경우도 있으니까.

'**루카스 비판**'이 나오기 전에는 모든 경제학자들은 미래에 대한 의사 결정이 '적응적 기대'를 바탕으로 이루어진다고 보았어. 그

✵ 적응적 기대 & 합리적 기대 ✵

런데 로버트 루카스는 〈계량경제학적 정책 평가: 하나의 비판〉 (1976년)이라는 논문에서 경제정책의 변화가 가져올 경제적 효과를 과거 데이터만 이용해서 측정하는 것은 잘못이라고 지적했어. 이를 '루카스 비판'이라고 해.

1937년 워싱턴주 야키마에서 태어난 로버트 루카스는 1955년 시카고대학교에 입학하여 역사학을 전공했어. 캘리포니아주립대 버클리대학원에서도 역사학을 계속 공부했고. 그런데 마음이 바뀌어 시카고대학교로 돌아가 경제학 공부를 하게 되었지. 1964년 경제학 박사학위를 받은 후 카네기공대(지금의 카네기멜론대학교) 경영대학원의 조교수가 되었어. 동료 교수인 존 무스(John F. Muth)의 논문 〈합리적 기대와 가격 변동 이론〉(1961년)을 읽고 그는 '합리적 기대'에 관심을 가지게 되었어. 그리고 1995년 '합리적 기대 가설의 개발 및 응용으로 거시경제 분석의 틀을 바꾸고 경제정책에 대한 이해를 높인 공로'로 노벨경제학상을 받았지.

그는 노벨경제학상 상금의 절반을 7년 전 이혼한 아내에게 주었단다. 왜냐고? 아내가 요구했던 이혼 조건 중 하나가 1995년 10월 31일 전에 루카스가 노벨경제학상 수상자로 결정되면 상금 절반을 본인에게 달라는 것이었거든. 그런데 1995년 10월 7일 루카스의 노벨경제학상 수상 소식이 발표되었어. 그래서 루카스의 합리적 기대 이론을 가장 잘 활용한 사람은 그의 노벨경제학상 수상을 예측했던 전처였다고 농담하는 사람도 있지.

루카스 비판이 던진 핵심 메시지 

윌리엄 필립스는 역사적 데이터를 분석하여 물가 상승률과 실업률은 서로 반대 방향으로 움직인다는 사실을 증명했어. 그러나 밀턴 프리드먼은 장기적으로 실업률은 물가 상승률과 무관하다고 주장했어. 중앙은행이 실업률을 낮추기 위해 통화량을 늘리는 정책을 실행하면 단기적으로는 효과가 있지만 장기적으로는 물가만 올라간다고 했거든. 시간이 지나면서 사람들이 통화량이 늘면 물가가 상승하는 과거 경험을 바탕으로 이에 대처하는 행동을 취한다는 거야. 말하자면 기업은 상품 가격을 올리고 노동자들은 임금 인상을 요구해. 그래서 통화량을 늘린 효과는 사라지면서 실업률은 예전 수준으로 돌아가고 물가만 상승한다는 거지. 이처럼 과거의 데이터와 경험을 바탕으로 미래의 변화를 예측하는 것을 **적응적 기대**라고 해.

그런데 루카스는 **합리적 기대**를 통해 예측할 수 있는 정책은 단기에도 효과가 없다고 했어. 사람들은 통화량이 늘어나면 물가가 올라간다는 걸 이미 알고 있으므로 통화량 증가를 예상하자마자 물가 상승에 대비한다는 거야. 이처럼 경제 주체가 '합리적 기대'에 따라 행동할 경우, 단기적으로도 물가만 오르고 실업률을 낮추려는 목표는 달성할 수 없다고 보았지.

경제 주체들이 적응적 기대를 넘어 정보를 적극적으로 활용한 합리적 기대에 따라 행동하게 되면서 정부가 수립한 경제정책의 효과는 예측하기 어려워졌고, 정책의 실효성은 낮아졌어. 그래서 과거 데이터에만 의존하여 세운 경제정책은 효과를 볼 수 없다고 비판했던 거야.

정부의 시장 개입은 아무런 소용이 없다고 보았던 루카스는 노벨경제학상 수상 후 이루어졌던 한 언론과의 인터뷰에서 이렇게 말했어.

"내 연구의 실용적인 의미는 통화정책을 통하여 경제에 계속하여 세세한 영향을 미치려는 통화 당국의 시도를 회의적으로 만들도록 하는 데 있다."

루카스는 사람들의 생각과 기대를 무시하면 경제정책의 효과가 사라질 수 있다는 점을 제기했어. 루카스 비판의 핵심은 경제정책을 상황에 따라 즉흥적으로 정하면 안 되고 예측할 수 있게 명확한 원칙과 규칙을 바탕으로 결정해야 한다는 것이야.

그런데 노벨경제학상 수상으로 루카스 비판이 관심을 끌자 덩달아 테일러 준칙에 관한 관심도 높아졌어. 이 준칙은 1993년에 존 B. 테일러(John B. Taylor)가 제안했는데, 물가 상승률과 경제 상황을 보고 금리를 정하는 규칙이야. 물가가 너무 많이 오르면 금리를 올리고, 경기가 나빠지면 금리를 낮추자는 간단한 규칙이지. 1990년대 미국 연준은 실제로 비슷한 방식으로 금리를 조절했어. 공식적으로 이 규칙을 따른다고 발표하지는 않았지만 말이야. 그 결과 미국 경제는 오랫동안 안정적인 모습을 보였지.

> 더 자세히 알아보자 <

합리적 기대를 이용한 외환 당국의 구두 개입

일을 할 때는 말보다 행동이 필요하다. 말만 앞서고 행동하지 않으면 원하는 결과는 얻어지지 않는다. 그런데 경제에서는 말만으로 정책적 효과를 보기도 한다. 환율이 갑자기 심하게 오르거나 내려서 외환시장이 불안할 때 중앙은행은 환율 움직임을 예의 주시하고 있다고 발표한다. 이러한 중앙은행의 말은 사람들의 기대를 바꿔 환율을 안정시키는 효과를 발휘하기도 한다. 이는 외환 딜러들이 합리적 기대에 따른 행동을 하기 때문이다. 외환 딜러들은 말로 환율을 안정시키려는 전략이 통하지 않으면 중앙은행이 외환을 직접 공급하거나 거두어들여서 결국 환율을 안정시킬 거라고 예상하여 적절한 대응에 나선다.

3장

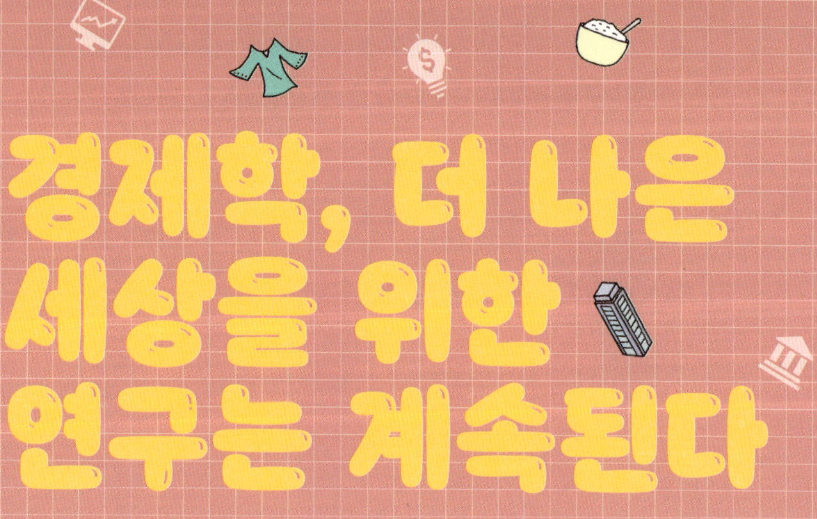

경제학, 더 나은 세상을 위한 연구는 계속된다

⭐ 성장을 멈추고 균형을 유지하라?
— 허먼 데일리

⭐ 왜 중고차 시장에는 내가 살 만한 차가 없을까?
— 조지 애컬로프

⭐ 불평등은 정치와 정책의 결과였다?
토마 피케티

⭐ 시장 개방이 개발도상국에 도움이 될까?
— 장하준

⭐ 빈곤은 무지와 게으름의 문제가 아니다?
— 아비지트 배너지 & 에스테르 뒤플로

성장을 멈추고
균형을
유지하라?

Herman Daly

허먼 데일리

1938~2022

성장을 중시하는 경제활동을 멈추어라! 

2019년 9월 미국 뉴욕 유엔 본부에서 'UN 기후 행동 정상회의(UN Climate Action Summit)'가 열렸어. 이때 가장 주목을 받았던 인물은 16세 스웨덴 환경운동가 그레타 툰베리(Greta Thunberg, 2003~)였지.

서울환경연합 유튜브 〈그레타 툰베리 연설 풀영상〉

툰베리는 연설 중 세계 정상들이 각종 환경 공약을 내세울 뿐 실질적 행동은 하지 않는다고 비판했어. 생태계가 무너지고 대멸종 위기가 다가왔는데도, 세계 정상들은 돈과 끝없는 경제성장 이야기만 한다고 한탄했고.

연설을 들으면서 미국의 생태경제학자 허먼 데일리 교수가 떠올랐어. 그가 성장 중심 경제학을 비판한 후 긴 세월이 흘렀지만, 툰베리의 지적처럼 아직도 우리는 성장이 우선인 경제 패러다임에 갇혀 있잖아. 그는 《지속 가능한 사회를 위한 경제학, 정태경제를 향하여》(1973년)에서 성장 중심 경제학을 비판하며, 경제 규모가 생태적 한계 내에서 일정하게 유지되는 새로운 경제인 '정상 상태 경제'(steady-state economy) 개념을 제시했어. 기존의 경제학은 자원이 한정되어 있다는 사실은 뒤로한 채 생산·분배·소비라는 경제활동이 최적으로 이루어지는 조건만 찾으면 성장이 무한

할 거라고 보지만, 이는 잘못이라고 했지. 생태계는 유한하므로 어느 순간 자원이 고갈되는 시기가 도래한다는 거야. 그래서 생태계가 인간의 경제활동을 견딜 수 있는 적정 지점인 '정상 상태 경제'에 도달하면 성장(growth)을 위한 경제활동을 멈추고 일정한 자원을 효율적으로 사용하는 발전(development)이 이루어져야 한다고 주장했어. 지속 가능성을 위해서 자원 사용량과 인구 규모를 일정 수준에서 안정화해야 한다고 했고.

허먼 데일리의 이론은 생태적 한계를 강조함으로써, 1987년 유엔의 '세계환경개발위원회(WCED)'가 **지속 가능한 발전**(sustainable development)이라는 개념을 제시하는 기반이 되었어. 지속 가능한 발전이란 미래 세대의 필요를 충족시킬 수 있는 능력을 훼손하지 않으면서 현재 세대의 필요를 충족시키는 발전을 말해.

1938년 미국 텍사스주 휴스턴에서 태어났던 허먼 데일리는 휴스턴의 라이스대학교에서 경제학을 전공했고, 테네시주 내슈빌에 있는 밴더빌트대학교에서 경제학 박사학위를 받았어. 메릴랜드대학교에서 교수로 재직하기 전이었던 1988~1994년에는 세계은행 환경부 수석 이코노미스트로서 지속 가능한 개발과 관련된 정책 지침을 만드는 일을 했지. 미국의 철학자이자 신학자였던 존 캅(John B. Cobb)과 공동 저술했던《공동선을 위한 경제학: 인간

   3장 경제학, 더 나은 세상을 위한 연구는 계속된다

과 자연, 공동체를 위한 새로운 경제 패러다임》(1989년)에서는 경제활동이 진정으로 복지에 기여하는 정도를 측정할 수 있는 지표로 '지속 가능한 경제 복지 지수(ISEW, Index of Sustainable Economic Welfare)'를 제시했어. GDP는 단순히 '생산된 재화와 서비스의 총액'을 나타내지만, ISEW는 환경 파괴, 자원 고갈, 소득 불평등, 가사 노동 등 복지에 영향을 주는 요소를 반영한 지표야.

✡ 지속 가능한 발전 ✡

허먼 데일리는 2000년대 이후 여러 국제 학술 단체에서 노벨 경제학상 수상에 가장 합당한 학자로 추천을 받았지만, 끝내 노벨 경제학상을 받지 못한 채 2022년 사망했어. 성장을 멈추고 균형을 유지하라는 그의 주장이 제대로 평가받지 못한 것 같아 좀 씁쓸해.

지속 가능한 발전은 가능할까? 

사실 기후와 환경문제에 대한 염려는 1960년대부터 제기되었어. 1965년 한 국제회의에서 이탈리아의 경영자 아우렐리오 페체이(Aurelio Peccei 1908~1984) 박사가 급속한 공업화로 인한 환경오염이 인류를 위기에 빠뜨릴 수 있다고 연설했어. 이후 1968년 그와 뜻을 같이하는 서른 명이 '로마클럽'을 만들었지.

로마클럽은 시스템 다이내믹스(System Dynamics)를 고안했던 미국 매사추세츠공과대학(MIT)의 제이 포레스터(Jay Forrester, 1918~2016) 교수에게 '산업과 인구 성장이 지구 환경에 미칠 영향'에 관한 연구를 부탁했어. 시스템 다이내믹스는 실제 통계가 아니라 시스템을 자유롭게 구축한 후 구성 요소로 나누고 요소 간의 관련성을 찾아내어 분석하는 방법이야. 포레스터 교수는 세계 인구와 산업 생산, 오염, 자원, 식량 등 주요 변수 사이의 상호 관계를 분석한 후《세계 동태론》(1971년)이란 책을 출간했어. 그는 같은 속도의 성장이 이어지면 21세기 어느 즈음에 세계 경제 체제는 붕괴 위험에 처하겠지만, 정책적으로 잘 조절하면 이를 막을 수 있다고 했지.

로마클럽이 더 깊은 연구를 요청하자 포레스터 교수는 이를 도넬라 메도즈, 데니스 메도즈, 요르겐 랜더스, 윌리엄 베른 3세 등 젊은 제자들에게 맡겼어. 이들이 만들었던 보고서의 핵심은 '인구, 공업화, 식량 생산 및 자원 사용의 성장 추세가 같은 속도로 이어진다면, 100년 이내에 지구상의 성장은 한계점에 이른다. 그러나 경제활동과 인구의 증가 속도를 줄이면 지속 가능한 성장이 가능하다. 결론은 하루라도 빨리 성장 속도를 줄여서 지구의 생태적·경제적 안정을 유지해야 한다'는 것이었어.

이 보고서는《성장의 한계》(1972년)라는 책으로 발간되었어. 이들의 주장은 지구의 미래와 기술의 기여도를 지나치게 비관적으로 본다는 비판을 받기도 했지. 그렇지만 이 책은 환경문제를 세계적 관심사로 끌어내는 데 결정적인 역할을 했어.

이들은 새로운 자료와 연구 결과를 반영하여《성장의 한계: 30주년 기념 개정판》(2004년)을 출간했어. 30주년 기념 개정판에서 저자들은 이렇게 말했지.

"기술과 시장은 대체로 인간 사회가 가장 간절히 바라는 것을 얻도록 도와준다. 기술과 시장의 주된 목표가 성장이라면 가능한 한 오랫동안 성장을 누리는 걸 돕는다. 반대로 목표가 균형과 지속 가능성*이라면 또한 그 목표를 달성하도록 힘을 보탠다."

허먼 데일리 교수는 '지속 가능한 성장'과 '지속 가능한 발전'이 같은 개념으로 사용되어 많은 혼란을 불러일으킨다고 했어. 그는 생태계의 수용 범위를 넘어서는 규모의 성장은 불가능함을 인식해야 한다고 강조했지. 지구 환경을 지키는 지속 가능한 발전의 성공 여부는 결국 소비자의 손에 달렸어. 기업의 생산 방식은 소비자의 선택에 따라 달라질 수밖에 없거든. 성장이 아니라 균형과 지속 가능한 발전을 위한 소비가 일반화되면, 기업들은 이에 맞는 경영전략을 세울 수밖에 없잖아?

나 하나 바뀐다고 세상이 달라지지 않을 거라는 생각을 버리고 내가 바뀌면 세상도 바뀐다고 생각하자. 너도나도 성장보다 환경을 중시하는 선택을 해야만 지구를 지킬 수 있어!

◆ 《성장의 한계》 초판의 '전반적인 균형 상태(the state of the global equilibrium)'라는 표현은 개정판부터 지속 가능성 또는 지속 가능한 사회(a sustainable society)로 바뀌었다.

지구 생태 용량 초과의 날(Earth Overshoot Day)

지구 생태 용량 초과의 날은 사람들이 쓴 자원의 양이 지구가 만드는 자원의 양 즉 재생 능력을 넘어서는 날이다. 우리 세대가 쓸 수 있는 1년 치 자원을 다 써 버린 날이니 이날 이후부터는 미래 세대가 사용할 자원을 빼앗아 쓰는 셈이다. 국제 환경단체 지구생태발자국네트워크(GFN, Global Footprint Network)에서 생태 발자국(Ecological Footprint)과 생태 용량(Biocapacity)을 비교하고, 1년 단위로 (생태 용량/생태 발자국)×365로 계산하여 발표한다.

1990년대 10월이었던 지구 생태 용량 초과의 날은 2000년대 중반에는 8월로 앞당겨졌다. 2000년대 후반부터 기후와 환경문제에 대한 경각심이 높아지면서 앞당겨지는 속도가 조금 늦춰지긴 했지만, 지속 가능한 발전을 이루려면 아직 갈 길이 멀다. 2025년의 지구 생태 용량 초과의 날은 7월 24일이었다.

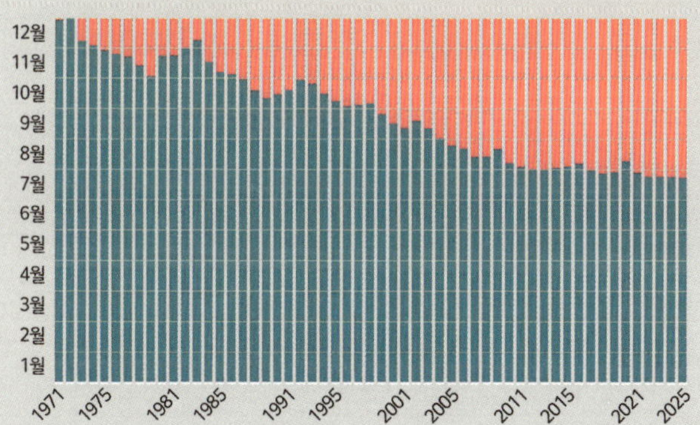

| 지구 생태 용량 초과의 날 1971~2025(출처: 지구생태발자국네트워크(GFN)) |

왜 중고차 시장에는 내가 살 만한 차가 없을까?

George A. Akerlof

조지 애컬로프

1940~

여행지에서 산 물건에는 추억이 묻어 있어. 난 해외여행을 할 때는 짐이 되지 않는 작은 장신구를 사고, 국내 여행에서는 주로 먹을거리를 사. 집으로 돌아와서도 여행지에서 산 말린 버섯이나 나물, 새우젓, 멸치 등으로 음식을 만들어 먹으면 여행지에서 느꼈던 즐거움이 되살아나니까. 이런 물건을 사면서 곧잘 가게 주인에게 맛집을 추천해 달라고 부탁해. 정보 비대칭성을 해결해야 역선택을 피할 수 있는데, 정확한 정보를 빠르게 얻는 방법은 현지인의 추천을 받는 거라고 생각하거든.

역선택은 뭐고, 정보 비대칭성은 또 뭐냐고? 잘 모르는 경제 용어를 사용해서 미안해. 세상만사를 경제라는 눈으로 보는 습관이 들어서, 말할 때 자꾸 경제 용어가 나오네. 레몬 시장 이야기를 하면서 정보 비대칭성과 역선택을 차근차근 알려 줄게.

레몬은 겉은 멀쩡한데 신맛이 강해. 그냥 먹지 않고 식재료로만 사용하니까 과일로서는 불량품이지. 미국에서는 레몬이 불량 중고차를 뜻하는 말이기도 해. 우량 중고차는 복숭아라고 하고. 그래서 레몬 시장은 불량 중고차만 득실거리는 중고차 시장을 뜻해.

왜 중고차 시장에는 레몬만 있을까? 미국의 경제학자 조지 애컬로프는 논문 〈레몬 시장: 품질 불확실성과 시장 구조〉(1970년)에서 그 이유를 정보 비대칭성 때문이라고 분석했어. 중고차 시장에서 중고차를 사려는 구매자는 차량의 겉으로 드러난 상태만 확인할 수 있어. 판매자는 알고 있는 차량의 결함이나 사고 이력 등은 정확히 알 수 없지. 이처럼 판매자와 구매자가 가지고 있는 상품

품질에 대한 정보량이 서로 다른 상황을 **정보 비대칭성**이라고 해.

예를 들어 중고차 시장에 절반은 복숭아, 절반은 레몬이 나왔다고 하자. 복숭아 판매자는 1,500만 원, 레몬 판매자는 500만 원을 받고 차를 팔 계획을 세웠어. 구매자는 상태에 따라 800~1,200만 원을 주고 사려고 했고. 중고차 구매자가 막상 시장에 가 보니 판매자가 소개하는 차의 상태를 도무지 판단할 수 없는 거야. 그래서 사고자 했던 가격의 평균인 1,000만 원을 주고 사려고 했어. 복숭아를 가진 사람은 1,000만 원에는 절대 팔지 않아. 레몬을 가진 사람은 속으로 웃으면서 얼른 팔 거고. 이런 일이 계속되자 우량 중고차를 가진 사람은 중고차 시장이 아니라 잘 아는 사람들을 통해 차를 팔게 되었어. 결국 중고차 시장은 불량 중고차만 득실거리는 레몬 시장이 되었지.

중고차 시장에 좋은 차가 나오려면?

정보 비대칭성 때문에 시장에서 불량품을 사게 되는 것을 '역선택'이라고 해. 구매자들이 역선택으로 불량 중고차만 사게 되어 계속 낭패를 본다면 어떤 일이 벌어질까? 맞아. 사람들이 더 이상 중고차 시장을 찾지 않게 돼. 결국 중고차 시장은 문을 닫아야겠지. 시장이 사라지면 중고차 거래가 무척 힘들어지는데, 어떻게 해야 이를 막을 수 있을까?

애컬로프는 논문에서 정보 비대칭성이 시장에 미치는 영향을 분석하는 데 그치지 않았어. 문제를 해결할 다양한 제도를 도입하자는 해결책도 함께 제시했지. 예를 들어 중고차 판매상들이 판매 차량에 대해 일정 기간 수리를 보증하는 제도를 만든다면 구매에 도움을 줄 수 있잖아. 이 논문이 발표된 다음, 미국에서 중고차 판매자는 구매자에게 차량에 대한 정확한 정보를 제공해야 한다는 법이 만들어졌어. 덕분에 중고차 시장에서 흔했던 정보 비대칭성을 해결할 수 있어서 중고차 거래가 늘어났고.

1940년 미국 코네티컷주 뉴헤이븐에서 태어난 애컬로프는 1962년 예일대학교를 졸업하고, 1966년 MIT대학교에서 경제학 박사학위를 받았지. 그리고 캘리포니아대학교와 런던정치경제대학교를 거쳐 1980년부터 버클리 캘리포니아대학교 교수로 재직했어.

그는 현대 정보경제학 이론의 토대를 마련했다는 공로로 2001년 마이클 스펜스, 조지 스티글러와 공동으로 노벨경제학상을 받았어. 그런데 친지 중 한 사람이 이런 농담을 했단다. "배우자와 같은 분야에서 일하는 노벨상 수상자 중에서, 배우자보다 덜 유명한

   3장 경제학, 더 나은 세상을 위한 연구는 계속된다

사람은 몇 명일까요?" 답은 애컬로프 한 사람뿐이라는 거야. 애컬로프를 소개할 때 노벨경제학상을 받은 경제학자가 아니라 재닛 옐런의 남편이라고 소개하는 경우가 제법 있거든.

재닛 옐런은 미국 최초의 여성 연방준비제도이사회 의장(2014~2018년)이었으며, 최초의 여성 재무부 장관(2021~2025년)이었어. 두 사람이 처음 만난 건 1977년 애컬로프가 잠시 연준에서 일할 때였어. 만난 지 1년도 되지 않았는데 애컬로프가 런던정치경제대학교로 직장을 옮겨야 했지. 그때 옐런은 그가 정신적 동반자이자 경제학 연구의 동반자가 될 걸 확신하고 결혼을 결심했대. 그래서 연준의 일을 잠시 그만두고 함께 영국으로 떠났지.

2022년 7월 한국을 방문했을 때, 옐런 장관은 한국은행에서 '경제학계의 여성(Women in Economics)'이란 주제로 간담회를 가졌어. 그때 자신이 일과 가정을 양립할 수 있었던 것은 집안일을 공정하게 분담하고 아내의 경력 발전을 원하는 배우자와 결혼한 덕분이라고 말했단다.

2001년 노벨상 위원회에 제출하는 자기소개서에 애컬로프는 일하는 아내를 둔 남편의 역할을 이렇게 적었어. "아내가 연준에서 일할 때는 가능한 한 집안일을 많이 도와주려고 했다. 나중에 백악관에서 일할 때는 매일 정치적 폭풍 속에서 일하는 아내를 심리적으로 지원하는 일이 더 중요했다."

일하는 아내를 잘 도와준 남편에게 주는 상이 있다면, 애컬로프만큼 강력한 수상 후보자가 있을까?

도덕적 해이

도덕적 해이는 법과 제도의 허점을 이용하여 자기 책임을 소홀히 하거나 이익이 되는 쪽으로 하는 행동을 뜻한다. 이는 **모럴 해저드**(Moral Hazard)를 번역한 말로 원래 보험 시장에서 사용했던 용어였다. 예를 들면 화재보험 가입자가 보험에 가입하지 않았더라면 당연히 했을 화재 예방에 대한 주의를 게을리하여 화재가 발생하는 경우이다.

도덕적 해이는 정보의 비대칭성 때문에 일어난다. 만일 보험회사가 보험 가입자의 화재 예방 노력을 모두 파악할 수 있다면 화재 예방 노력에 따라 보험료를 다르게 적용하거나 보험 가입 자체를 거절할 수 있다. 그러나 현실적으로 보험 가입자를 충분히 파악하는 일은 어려워서 보험 시장에서는 항상 도덕적 해이가 발생할 소지가 있다.

도덕적 해이 때문에 사고가 발생하고, 이런 사고에 대해 보험회사가 보험금을 지급하게 되면 모든 보험 가입자가 내야 하는 보험료는 올라가게 된다. 경제학에서 '도덕적 해이'는 이처럼 정보의 비대칭성 때문에 위험에 대한 평가를 충분히 할 수 없어서 생긴 비용이 위험을 일으킨 사람이 아닌 다른 사람의 손해가 되는 모든 비효율을 뜻한다.

불평등은
정치와 정책의
결과였다?

Thomas Piketty

토마 피케타

1971~

'금수저, 은수저, 동수저, 흙수저'라는 말을 들어 봤니? 부모의 재력과 능력에 따라 자녀들의 삶의 질이 달라지는 현실을 수저에 빗댄 말이야. 난 이런 수저 계급론이 프랑스의 경제학자 토마 피케티의 주장과 일맥상통한다고 생각해. 왜냐고? 그가 "대부분 시기에 자본 수익률은 경제성장률을 앞섰으므로 자본을 소유한 계층으로 부가 집중되었다. 이런 부의 세습이 사회에서 차지하는 비중이 커지며 부의 불평등은 점점 커지고 있다"고 했거든.

1971년생인 파리경제대학 교수 토마 피케티는 2002년 '프랑스 최고 젊은 경제학자상'을 받았어. 그는 1993년부터 1995년까지 미국 MIT에서 강의했지만, 그곳 학풍이 마음에 들지 않아서 다시 파리로 돌아왔지. 그리고 부의 불평등을 분석하려고 18세기부터의 유럽과 미국의 자본 역사와 흐름에 대한 방대한 자료를 수집했어. 이렇게 수집한 자료를 바탕으로 《21세기 자본》(2013년)을 출간했단다. 18세기부터의 부와 소득의 불평등을 분석하고, 이를 통해 21세기에 필요한 교훈을 제시하기 위해 책을 썼다고 밝히면서.

이듬해 미국에서 영문 번역판이 인터넷 서점 '아마존' 베스트셀러 1위에 오르며 세계적으로 피케티 열풍이 불게 되었어. 2008년 금융 위기 이후 경제성장이나 효율성보다 불평등 해소가 중요하고, 불평등을 키우는 성장은 무의미하다는 분위기가 커졌거든.

피케티는 방대한 통계자료를 실증적 방식으로 분석하여 쿠즈네츠 곡선의 오류를 증명했어. 쿠즈네츠는 19세기 말부터 20세기 초의 자료를 분석하여 경제성장 초기에는 1인당 국민소득이 증가할수록 소득 불평등 정도가 커지지만, 일정 수준을 넘어서면 불평등이 줄어든다고 결론지었어. 그런데 피케티가 자료의 범위를 넓혀서 분석했더니 1인당 국민소득의 수준과 상관없이 불평등의 정도는 계속 커졌던 거야. 결론은 일을 하고 버는 노동소득보다 재산을 바탕으로 벌어들이는 자본소득이 늘어나는 정도가 더 커서 소득의 불평등이 점점 심해졌다는 거야.

피케티는 현실적으로 노동소득을 늘리기 위해 경제성장률을 획기적으로 증가시키는 일은 어려우니 세금을 늘리고 이를 통한 소득 재분배로 부의 불평등을 해결해야 한다고 주장했어. 구체적인 방안으로는 글로벌 부유세, 교육에 대한 공공투자, 최고 80%

◆ 피케티가 소득 불평등 분석을 위해 사용한 공식
국민소득 = 자본소득 + 노동소득
노동소득 분배율: 노동소득/국민소득
자본소득 분배율: 자본소득/국민소득

자본주의의 제1 기본 법칙: $\alpha = r \times \beta$ (α: 소득에서 차지하는 자본의 몫, r: 자본수익률, β: 자본소득 비율)
자본주의의 제2 기본 법칙: $\beta = s/g$ (s: 저축률, g: 경제성장률)

에 달하는 누진세 등을 제안했지.

월스트리트를 점령하라!

피케티 열풍의 원인 중 하나는 2008년 금융 위기로 시작된 경제 불황이 언제 끝날지 모른다는 불안감이었어. 2011년 9월 17일, 뉴욕 맨해튼의 월스트리트에서 젊은이들은 '월스트리트를 점령하라(Occupy Wall Street)'는 구호를 내걸고 시위를 벌였지. 시위대는 "우리는 99%다(We are the 99%)", "은행은 구제받았고, 우리는 버

| 2011년 '월스트리트를 점령하라' 시위 모습(출처: 위키미디어커먼스) |

　3장 경제학, 더 나은 세상을 위한 연구는 계속된다

려졌다(Banks got bailed out, we got sold out)", "이윤보다 사람이 우선이다(People over profit)" 등 99%의 사람들을 대변하는 구호를 외쳤지. 이후 시위는 미국의 주요 도시로 번져 나갔고, 10월에는 전 세계로 퍼져 나갔어. 극심한 소득 불평등과 청년 실업 문제에 따른 상대적 박탈감이 전 세계를 지배했던 거야.

2008년 금융 위기 이후 사람들은 신자유주의 경제학자에 가려져서 덜 알려졌던 경제학자들의 다양한 주장에 관심을 가지게 되었어. 시장과 정부가 서로 견제하는 경제 시스템을 만들어야 한다는 견해도 설득력을 얻게 되었고.

2008년 금융 위기는 왜 일어났느냐고? 이를 이해하려면 2000년대 초반의 미국 경제 상황을 먼저 알아야 해. 2000년의 닷컴버블 붕괴와 2001년 9.11테러로 경제가 어려워지자, 부시 행정부는 투자를 늘리기 위해 저금리 정책을 내놓았지. 금리가 내려가니까 대출을 받아 집을 사는 사람이 늘어나 부동산 가격이 오르기 시작했어. 여기에 소수 인종과 저소득층의 지지를 얻기 위한 정책으로, 부시 행정부는 신용이 낮은 사람도 대출을 받을 수 있는 서브프라임 모기지 제도를 도입했어. 그러자 너도나도 대출을 받아 집을 사는 부동산 투기가 극성을 부렸지. 금융회사는 이자 수익을 늘리려고 대출자의 신용을 제대로 평가하지 않고 돈을 빌려주었고.

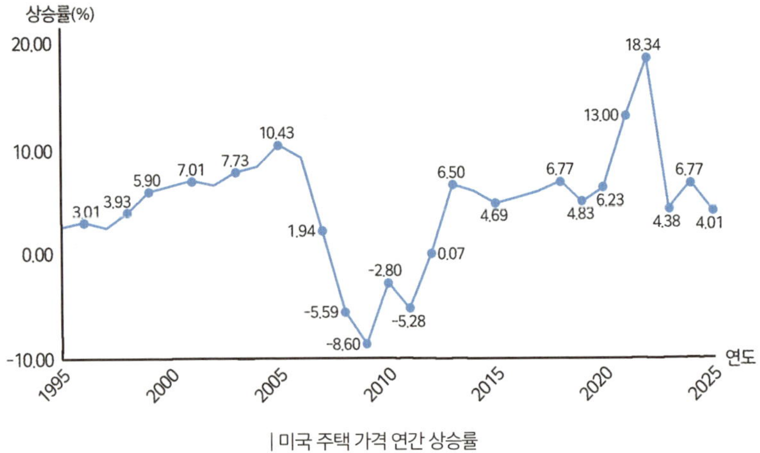

| 미국 주택 가격 연간 상승률

(출처: 미국 연방주택금융청(U.S. Federal Housing Finance Agency)) |

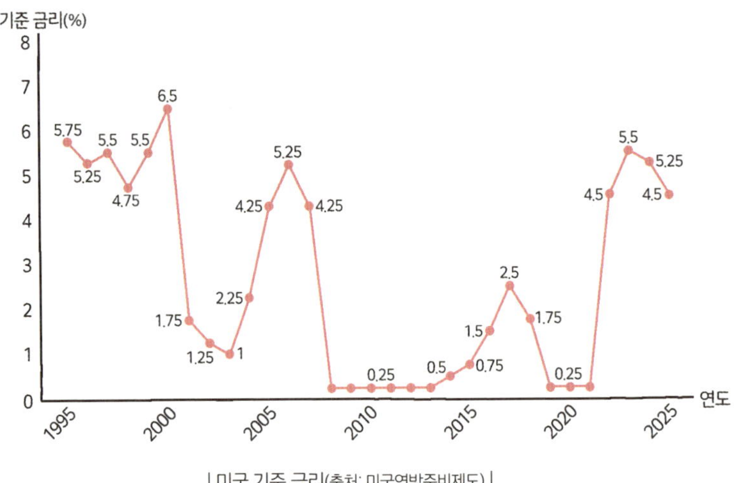

| 미국 기준 금리(출처: 미국연방준비제도) |

투기로 인해 부동산 거품이 커졌다고 판단했던 연준은 기준금리를 올렸어.

그러자 끝없이 오를 것만 같았던 부동산 가격이 2006년 6월부터 빠르게 내려갔어. 이제 너도나도 집을 판다고 내놓았지. 가격은 곤두박질치는데 집은 팔리지 않고, 이자는 눈덩이처럼 불어나니까 사람들은 밤잠을 설쳤어. 대출금과 이자를 제때 갚지 못해 자기 집에서 쫓겨나 노숙자 신세가 된 사람도 생겼고. 대출을 갚지 못하는 사람이 늘어나자 금융회사들도 하나둘 무너지기 시작했지. 미국 정부가 서브프라임 모기지 사태를 수습하기 위해 엄청난 돈을 쏟아붓자, 경제는 잠시 안정을 찾아가는 듯했어. 그러나 미봉책으로 찾은 안정은 오래가지 않았고 결국 2008년 금융 위기가 터졌단다.

2008년 9월 15일, 160년 역사를 자랑하는 미국 4위의 투자금융회사인 리먼 브라더스가 파산하면서 세계는 1929년 대공황 이후 가장 큰 경제 위기를 맞았어. 세계가 하나의 시장으로 연결된 21세기의 경제 위기는 예전과 비교할 수 없을 정도로 빠르게 다른 나라로 옮겨 갔거든.

피케티의 주장은 자유 시장 자본주의가 평범한 사람도 잘살게 만들고 개인의 자유를 보장한다고 주장하는 경제학자들의 공격을 받았어. 가장 못마땅하게 여긴 사람은 미국 하버드대학교의 경제학 교수 그레고리 맨큐였지. 맨큐 교수는 경제학의 바이블로 통하는 《맨큐의 경제학》(1997년)의 저자야. '월스트리트를 점령하라'는 시위가 계속되었던 2011년 11월 2일 하버드대학교의 일부 학생들은 맨큐 교수가 2008년 금융 위기의 원인인 탐욕스러운 신자유주의를 정당화하는 데 반감을 표시하며 수업 시간에 교실을 나가 버렸어. 이런 사태에도 굴하지 않고 맨큐 교수는 1970년대 이후 꾸준히 벌어져 온 미국의 빈부 격차는 세금 때문이 아니고 여러 복합적인 요인에 의한 것이라고 주장했지. 경제성장에 기여도가 높은 자본 투자자가 상대적으로 많은 돈을 벌고 재산을 갖는 건 당연하다는 주장도 버리지 않았고.

2015년 초 미국 보스턴에서 열렸던 전미경제학회 연례 학술 대회의 대표 세션에서 맨큐와 피케티는 부의 불평등을 놓고 토론을 벌였어. 토론은 큰 관심을 끌었어. 500명이 앉을 수 있는 토론장인데도 좌석이 모자라 100여 명은 서서 듣거나 통로에서 들을 정도였으니까. 맨큐 교수는 부자들이 사치품 등에 쓰는 소비와 자손에게 물려주는 상속 재산, 만만치 않은 재산세와 소득세 등을 고려하면, 자본 수익률이 결코 경제성장률보다 높지 않다며 목소리 높였어. 글로벌 부유세를 도입하면 자산가와 노동자 모두 가난해질 거고, 부의 재분배를 원한다면 일부 유럽 국가들이 도입한 누진적 소비세가 바람직하

✴ 소득 불평등 논쟁 ✴

다고 했지.

피케티 교수는 자본 수익률이 경제성장률보다 큰 상황이 계속되면 부의 불평등은 더욱 심해진다고 일침을 놓았어. 이를 완화하려면 누진적 자본세 도입을 위한 국제적 정책 협력이 필요하고, 경제학의 중심 과제는 분배와 정의가 되어야 한다고 강조했지. 피케티의 이런 제안은 비현실적이라며 비웃음을 사기도 해. 그렇지만 경제성장과 불평등 사이의 상관관계를 두고 세계 경제학계를 달군 논쟁은 의미가 있고, 이런 논쟁에 불붙인 피케티의 주장은 값지다고 봐.

피케티와 뜻을 같이하는 학자 네 명은 공동대표가 되어 2011년 파리경제대학에 속한 '세계 불평등 연구소'를 설립했어. 이곳에서는 세계 여러 지역에 있는 경제학자 100여 명의 협조를 얻어 수집한 자료를 분석하고, 그 결과를 '세계 불평등 데이터베이스(World Inequality Database)'라는 웹사이트(https://wid.world/)를 통해 발표해.

지금까지 〈세계 불평등 보고서 2018〉, 〈세계 불평등 보고서 2022〉와 〈세계 불평등 보고서 2026〉을 발간했지. 모든 사람이 잘 사는 세상을 만들기 위해 세계의 경제학자들이 힘을 모아 일하고 있으니, 우리가 사는 세상은 점점 더 좋아질 거라고 기대해 보자.

2006년 서브프라임 모기지 사태

미국 금융회사의 주택 담보대출은 신용 등급에 따라 우량인 '프라임 대출'과 비우량인 '서브프라임 모기지'로 나뉜다. 서브프라임 모기지는 대출금을 갚지 못할 위험이 크거나 대출 금액이 주택 가격의 80퍼센트를 초과하는 대출이다.

주택 가격이 계속 오를 때 서브프라임 모기지는 큰 문제가 아니다. 그러나 주택 가격이 크게 떨어지면 집을 팔아 대출금을 갚는 대신 아예 집을 포기하는 상황이 벌어진다. 이 경우 금융회사는 담보 주택을 경매로 팔아도 대출금을 모두 회수할 수 없어서 손실을 본다.

주택 담보대출이 그 자체로만 끝났다면 2008년 금융 위기는 일어나지 않았을 수 있었다. 문제는 주택저당채권(MBS)이나 부채담보부증권(CDO) 같은 파생금융상품이었다. 파생금융상품은 특정 금융거래를 바탕으로 만든 또 다른 금융상품이다.

파생금융상품이 등장하기 전에는 금융회사는 여유 자금을 모두 사용하면 더 이상 대출을 할 수 없었다. 그러나 파생금융상품 시장이 발달하면서 모기지 전문 대출 회사는 MBS를 발행해서 팔았고, 이를 사들인 투자은행은 CDO를 발행하여 자금을 마련했다. 그래서 돈이 넘쳐난 금융회사는 소득이 불안정하고 신용 상태가 좋지 않은 사람에게도 주택 담보대출을 해 주었다.

그런데 금융 당국의 파생금융상품에 대한 관리·감독은 제대로 이루어지지 않아서 서브프라임 모기지는 금융시장의 지뢰가 되었다. 2006년 지뢰가 터지며 서브프라임 모기지 사태가 발생했고, 이는 2008년 금융 위기를 일으키는 도화선이 되었다.

시장 개방이 개발도상국에 도움이 될까?

Ha-Joon Chang

장하준

1963~

개발도상국은 사다리가 필요하다 

서양 경제학자 이름을 너무 많이 듣다 보니 누가 무슨 이론을 제시했는지 도무지 기억할 수 없다고? 나도 마찬가지였어. 하지만 지금 소개하는 경제학자 이름은 기억하기 쉬울걸. 누구냐고? 서울대학교 경제학과를 졸업하고, 1990년 영국 케임브리지대학교에서 경제학 박사학위를 받은 다음 그곳에서 활동했던 장하준 교수! 2022년부터 런던대학교 SOAS(동양·아프리카대학) 경제학과 교수로 재직 중이지.

2008년 금융 위기 이후 신자유주의를 뒷받침했던 경제학 이론에 대한 회의감이 높아졌던 시기, 영국의 펭귄 출판사는 펠리컨북스 시리즈의 재발간을 시도했어. 이 시리즈는 1937년부터 1984년까지 지식의 대중화에 기여했던 비소설 문고판이었지. 자랑스럽게도 시리즈의 첫 번째 책은 장하준 교수가 집필한《장하준의 경제학 강의》(2014년)였어. 한국어로 쓴 책이냐고? 영국에서 출간했으니 당연히 영어로 쓴 책이지. 한국에서는 바로 한국어 번역판이 나왔고.

장하준 교수는《사다리 걷어차기》(2002년)라는 책으로 2003년에 뮈르달상을 수상했어. 1974년 하이에크와 공동으로 노벨경제

선진국
$
✵ 사다리 걷어차기 ✵
사다리를
걷어차다니!
장하준

학상을 수상했던 스웨덴 출신 경제학자인 군나르 뮈르달(Gunnar Myrdal)을 기념하는 상이지. 지난 1년 동안 출간된 제도경제학 도서 중 가장 뛰어난 책에 주어져. 제도경제학은 인간이 만든 제도가 경제 행위에 미치는 영향을 연구하는 경제학 분야야. 대표적인 제도경제학자로는 소스타인 베블런과 로널드 코스를 들 수 있어. 장하준 교수는 2005년에는 최연소로 레온티에프상을 받으며 세계적인 경제학자로 이름을 알리게 되었어. 1973년 노벨경제학상 수상자였던 소련 출신 미국의 경제학자 바실리 레온티에프(Wassily Leontief)를 기념하는 상으로 경제학의 지평을 넓힌 경제학자에게 주는 상이야.

장하준 교수는 의문을 가졌어. "과연 선진국이 요구하는 시장 개방이 개발도상국 경제 발전에 도움이 될까?" 1963년 태어나 경제개발 초기에 한국 정부가 앞장서서 이끄는 경제정책을 몸소 겪었던 경험에서 나온 의문이야. 당시 한국은 국내 산업 보호와 자원 배분의 효율성을 높이기 위해서 정부가 경제를 관리하고 통제하는 정책을 실행했거든.

그는 프리드리히 리스트가 말했던 **사다리 걷어차기**에 주목했어.♦ 보호무역은 국내 산업 발전을 위해 필요한 사다리이고, 선진

♦ 《세상에서 가장 쓸모 있는 경제학》, 석혜원, 풀빛, 2024, 39~43쪽 참조

국의 자유무역 강요는 이런 사다리를 걷어차는 횡포라는 주장에 동감했지. 그래서 선진국의 경제발전 과정을 역사적 접근법을 통해 분석해 보았어. 상세한 사례를 들며 선진국들도 산업화 과정에서는 자유 시장이 아닌 정부의 역할을 중시했음을 증명했고. 선진국들도 수 세기 동안 정부의 보호를 받으며 경제 발전을 이루었음을 밝혀낸 거야. 그러했던 선진국들이 이제 자기들에게 유리하다고 자유무역을 무조건 강요하는 것은 잘못이라고 보았어.

장하준 교수는 최근 20년간 개발도상국의 경제성장이 멈춘 것은 선진국이 개발도상국에 자기들 입맛에 맞은 경제정책을 강요했기 때문이라고 판단했어. 그리고 개발도상국이 자기 나라의 발전 단계 및 경제 환경에 맞는 정책과 제도를 채택할 수 있게 해 주어야 한다고 주장했지. 이는 개발도상국에만 유익한 게 아니라 무역과 투자의 기회를 증가시켜 장기적으로는 선진국도 유익할 거라고 강조했고.

한국이 선진국과 후진국의 다리가 되자 

1960년대 초반 세계에서 가장 가난한 나라 중 하나였던 한국은 1962년부터 경제개발 5개년 계획을 실행하며 산업화를 시작했

   3장 경제학, 더 나은 세상을 위한 연구는 계속된다

어. 1970년대에 이루어졌던 중화학공업 정책으로 산업구조를 탈바꿈하면서 1990년대 중반까지 세계에서 가장 빠른 경제성장을 이루었지.

물론 국제금융기구나 선진국 금융회사로부터 생산 시설 투자에 필요한 금융 지원을 받지 못했다면 이러한 성장을 이룰 순 없었을 거야. 그런데 금융 지원을 받았어도 아무런 결실을 거두지 못한 사례가 허다해. 1980년대 초 국제부흥개발은행(IBRD)의 도움을 받아서 탄자니아 모로고로(Morogoro) 지역에 세워졌던 신발 공장처럼 말이야. 이 공장을 건설하면서 탄자니아는 신발을 만들어 수출하면 경제성장을 이룰 걸로 기대했어. 그러나 공장 가동률은 5% 이하로 머물다가, 단 한 켤레의 신발도 수출하지 못하고 1990년 결국 문을 닫았지.

임금 수준이 낮아서 가격 경쟁력이 있었을 텐데, 왜 실패했을까? 공장을 세우면서 탄자니아의 지리적 특성과 기술 수준을 고려하지 않았기 때문이야. 공장의 알루미늄 벽이 햇볕을 받아 달아오르면 공장 안은 찜통이 되어 노동자들이 일을 할 수 없었어. 게다가 기계가 고장 나도 수리할 기술력을 갖추지 못했으며, 필요한 부속품도 제때 공급되지 않았거든. 탄자니아도 한국처럼 외국 자본과 기술을 들여오면서도 정부가 적극적으로 기술 교육과 연구

투자를 이끌어 기술과 생산 역량을 키웠으면 좋았을걸. 그렇다면 산업화의 기반을 다질 수 있었을 텐데, 안타까워.

장하준 교수는 《사다리 걷어차기》 한국어판(2004년) 서문에서 한국이 선진국과 후진국의 다리 역할을 하면 개발도상국의 경제성장을 도울 수 있음을 상기시켰어. 선진국에는 우리의 경험을 바탕으로 후진국이 겪는 어려움을 알려서 후진국에 불리한 국제 경제 질서를 개선하는 촉매가 돼. 그리고 후진국에는 한국이 세계 시장을 적극적으로 이용하여 경제성장을 이룬 경험을 알려 주는 거야. 개방을 무조건 두려워하지 말고, 같이 힘을 합하여 부당한 국제 경제 질서를 바꾸자고 하면서.

그런데 장하준 교수는 왜 세계를 지배했던 신자유주의 경제사상에 맞서서 개발도상국에 신자유주의적 개방을 강요하는 것은 잘못이라고 강하게 주장했을까? 직접 경험을 통해 얻는 통찰력을 믿었기 때문일 거야. 그는 책《나쁜 사마리아인들》(2007년) 프롤로그에서 자신은 세계에서 손꼽히는 가난한 나라였던 한국에서 태어나 현재는 세계에서 손꼽힐 만한 부유한 국가의 국민이 됐다고 소개했어. 한국의 경제성장이 한국인의 삶을 어떻게 바꾸었는지도 생생하게 알렸고. 그리고 독자에게 아이티가 스위스가 된 정

◆ 《세상에서 가장 쓸모 있는 경제학》, 석혜원, 풀빛, 2024, 134~135쪽 참조

    3장 경제학, 더 나은 세상을 위한 연구는 계속된다

도로 발전한 한국의 기적이 어떻게 가능했을까에 대한 질문을 던져. 이 질문에 많은 경제학자들은 한국이 자유 시장 원칙을 따랐기 때문이라고 답하지만, 자신이 직접 경험한 바로는 그게 아니라고 단호하게 말했어. 한국의 경제 기적은 시장 인센티브와 국가 관리의 교묘하고도 실용적인 조합이 빚어낸 결과라는 거야.

장하준 교수는 경제를 움직이는 힘이 단순히 시장에만 있는 것이 아니라, 시장을 둘러싼 법·문화·조직 같은 제도가 사람들의 행동을 바꾸고, 경제 성과를 좌우한다고 주장해.

"경제는 숫자와 그래프만의 학문이 아니다"라고 말하는 그는 경제를 사람들의 삶과 연결해서 바라보지. 그의 말처럼 한국이 선진국과 후진국의 다리 역할을 잘 수행하여 세계 경제 발전에 기여할 수 있다면 뿌듯하겠지?

개발도상국에서 선진국으로 변신한 한국

6.25 전쟁이 끝난 후 미국 정부는 무너진 건물과 생산 시설을 복구하기 위한 자재나 생활필수품, 밀가루, 면화, 설탕 원료 등 원조 물품을 보내 주었다. 이러한 원조 물품을 가공하는 제분, 면방직, 제당 공업 등 삼백산업의 발달은 이후 경제개발의 기틀을 마련하는 데 중요한 역할을 했다.

토고, 우간다, 방글라데시, 파키스탄 등과 함께 세계에서 가장 못사는 나라에 속했던 한국은 1962년 제1차 경제개발 5개년 계획을 실행해 산업화에 속도를 더하고 눈부신 경제성장의 길로 나아갔다. 1962년부터 1990년대 중반까지 한국의 연평균 경제성장률은 7~8%였다. 1995년 한국은 1인당 국민소득(GNI per capita) 1만 달러와 수출 1,000억 달러 돌파(연말 1,250억 달러 달성)라는 역사적인 기록을 수립했다.

2020년 한국의 경제 규모는 국내총생산(GDP) 1조 6,309억 달러로 세계 10위, 1인당 국민소득은 3만 1,755달러로 세계 29위를 기록했다. 이런 비약적인 경제 발전의 결과 2021년 유엔무역개발회의(UNCTAD)의 모든 회원국의 동의를 받아 한국은 공식적으로 선진국이 되었다. 지금까지 유엔무역개발회의에서 개발도상국에서 선진국으로 지위를 바꾼 나라는 한국뿐이다.

빈곤은 무지와 계으름의 문제가 아니다?

Abhijit V. Banerjee

아비지트 배너지

1961~

Esther Duflo

에스테르 뒤플로

1972~

빈곤층의 실생활에 맞추어 원조하라

2008년 경제 위기 이전에는 노벨경제학상이 주로 경제 모델이나 예측에 관한 이론적 연구와 분석을 했던 경제학자에게 주어졌어. 그런데 경제 위기 이후 빈부 격차 해결이 시급한 문제가 되면서 노벨경제학상 수상자 선정에도 변화가 일어났지. 2019년 '세계 빈곤 경감을 위한 실험적 접근에 대한 공로'로 MIT 교수인 아비지트 배너지와 에스테르 뒤플로, 하버드대학교 교수인 마이클 크레이머(Michael Kremer 1964~)◆가 공동 수상자가 된 것처럼 말이야.

이들 중 아비지트 배너지와 에스테르 뒤플로 교수를 소개하려고 해. 만약 원조를 받았던 나라들이 모두 한국처럼 경제성장에 성공했다면 제프리 삭스 교수와 윌리엄 이스털리 교수가 벌인 논쟁은 일어나지 않았을 거야.◆◆ 그런데 아프리카 지역, 특히 아프리카 사하라 사막 남쪽 지역에는 2015년 기준 '인구의 40%'가 넘는 사람들이 절대 빈곤층에서 벗어나지 못하고 있어. 이 추세는 지금까지도 크게 바뀌지 않았지. 왜 원조가 밑 빠진 독에 물 붓는 일이 되었을까?

◆ 2021년부터 시카고대학교에서 강의와 연구를 한다.
◆◆ 《세상에서 가장 쓸모 있는 경제학》, 석혜원, 풀빛, 2024, 159~163쪽 참조

| 학교에서 글을 배우는 아프리카 어린이들(왼쪽)과
원조 물품 배급을 기다리는 아프리카 사람들(오른쪽)(출처: 위키미디어커먼스)
아비지트 배너지와 에스테르 뒤플로는 원조는 가난한 사람들의 실생활과
눈높이에 맞추어서 이루어져야 한다고 강조했다. |

40여 개 나라의 빈곤 현장을 방문하여 가난한 사람들을 만나며 원조 실패의 원인을 분석하고, 효과적인 원조 방식을 찾으려고 노력했던 이들은 이런 결론을 내렸어. '가난한 사람들의 생각과 행동을 이해하지 못한다면 결코 빈곤을 해결할 수 없다. 가난한 사람들의 실생활과 눈높이에 맞춘 원조가 이루어져야 한다.'

이들은 무작위 통제 실험(RCT, Randomized Controlled Trial)을 통해 빈곤층에 대한 금전적 지원이나 교육과 보건 혜택을 펴는 공공 정책의 효과를 측정해 보았어. 의학계에서 약 처방을 받은 집단과 받지 않은 집단을 비교해서 처방 효과를 비교하는 것처럼,

무작위로 그룹을 나누고 서로 다른 방식을 적용하여 원조를 실행하고 그 결과를 비교했지.

먼저 빈곤층이 구매하는 상품, 자녀의 수, 육아 방식 등 관찰 대상자의 일상생활부터 살핀 후 빈곤이 개인의 무지와 게으름의 문제가 아니라고 판단했어. 관찰 대상자들은 자신이 처한 상황에서 가장 합리적인 선택을 했거든. 다만 미래를 위해 당장 감수해야 하는 작은 손해를 포기할 여유가 없어서 장기적으로 자신에게 이로운 결정을 내리지 못한다는 사실도 파악했어. 그래서 당장의 작은 손해를 보상하면 그들의 선택을 바꿀 수 있다는 결론을 내리고 이를 과학적으로 입증하기 위해 실험을 했던 거야.

원조 효과는 지원 방식에 따라 달라진다

무작위 통제 실험은 어떻게 이루어졌느냐고? 인도 라자스탄에서 실시했던 '예방접종과 콩 실험'의 사례를 알려 줄게. 정부와 원조 단체가 무료 예방접종을 실시하면서 예방접종의 효과를 적극적으로 알렸지만, 이 지역의 어린이 100명 중 2명만이 필수 예방접종을 받았어. 이들은 무작위로 마을을 선정하고 세 그룹으로 나누었지. 첫 번째 그룹에는 아무런 일도 시도하지 않았고, 두 번째 그

3장 경제학, 더 나은 세상을 위한 연구는 계속된다

룹에서는 간호사들이 사람들을 만나서 예방접종을 권했어. 세 번째 그룹에는 예방접종을 받은 어린이의 부모에게 콩 900g을 주었고, 다섯 가지 필수 예방접종을 모두 받으면 스테인리스 쟁반 세트를 주었어. 6개월 후 접종률은 첫 번째 그룹은 6%, 두 번째 그

룹은 17%, 세 번째 그룹은 38%였어. 이 실험을 통해 두 사람은 작은 경제적 인센티브가 이들의 선택에 영향을 준다는 걸 알았지. 그래서 가난한 사람들의 실생활과 눈높이에 맞춘 원조를 하면 이들의 행동을 바꿀 수 있다는 결론을 내렸어. 지원 방식에 따라 원조의 효과가 달라지는 것을 입증한 연구는 원조 정책을 고민했던 많은 개발도상국 정부와 국제기구, NGO(비정부기구 활동가)에게 큰 도움이 되었어.

이들의 연구 방식은 **경제학의 실험 혁명**(Experimental Revolution)을 이끌었다는 평가를 받아. 이전에는 개발도상국의 경제 문제를 연구할 때 '국가 간의 빈부 격차는 왜 생길까?'나 '어떤 제도가 경제성장을 이끄는가?' 같은 거대한 질문의 답을 찾으려 했어. 그런데 이들은 '방충망을 제공하면 말라리아 감염률이 떨어질까?'나 '소액 대출이 실제로 가난 탈출을 돕는가?' 같은 구체적인 문제를 현장에서 실험하고 데이터를 기반으로 공공 정책을 평가해 경제학의 실용성을 높였거든.

1961년 인도에서 태어난 아비지트 배너지는 뱃속에서부터 경제학을 만났다고 할 수 있어. 그의 아버지와 어머니는 콜카타에 있는 대학교와 사회과학 연구 기관의 경제학 교수였거든. 그는 콜카타대학교에서 경제학 공부를 시작하여 자와할랄 네루대학교에서 경제학 석사학위를 받은 후 1988년 하버드대학교에서 경제학 박사학위를 받았어. 하버드대학교와 프린스턴대학교를 거쳐 1993년부터 MIT의 경제학 교수로 일하고 있어.

1972년 파리에서 태어난 에스테르 뒤플로는 대학에 진학하여 역사학을 공부하던 중 모스크바에서 열 달 동안 머물게 되었어. 그때 러시아 재무부 자문역이었던 제프리 삭스의 연구 보조원으로 일하면서 경제학에 관심을 가지게 되었지. 이후 파리경제대학원에서 경제학 석사학위를 받은 후 1999년 미국 MIT에서 경제학 박사학위를 받았어.

박사학위를 따고 나서 바로 MIT에서 재직했던 그녀는 2003년 박사학위 논문 지도교수 중 한 사람이었던 아비지트 배너지를 도와 MIT에 '빈곤 행동 연구소'를 설립했어. 두 사람은 2015년 결혼하여 함께 노벨상을 받는 첫 번째 부부가 되었지. 이들이 함께 쓴 《가난한 사람이 더 합리적이다》(2011년)와 《힘든 시대를 위한 좋은 경제학》(2019년)은 경제학 지식이 없어도 읽을 정도이니, 언젠가 읽어 보기를 권해.

함께 일하는 경제학자들

어려운 경제 문제를 연구할 때 여러 사람이 힘을 합치면 더 효과적으로 해결책을 찾을 수 있다. 산업, 증권, 노동 등 다양한 경제 분야의 전문가들이 모여 연구하고 이를 종합한다면, 혼자서 모든 분야를 연구하는 것보다 훨씬 정확한 결과를 얻을 수 있기 때문이다. 그래서 나라들마다 국가의 주요 정책 수립과 중장기 발전 전략을 연구·제안하는 기관인 국책 연구소를 만들었다. 한국은행 경제연구원이나 한국개발연구원(KDI)은 한국의 대표적인 경제 전문 국책 연구소이다. 경제 전문 국책 연구소는 연구 결과를 바탕으로 물가와 통화 정책, 장단기 산업 정책 등의 경제정책을 제안하여 국가 경제 발전을 돕는다.

국가만이 아니라 민간 기업도 자체 경제 연구소를 운영한다. 경영과 관련해 중요한 전략을 짜거나 결정을 내릴 때 참고할 자료를 얻기 위해서이다.

세계 경제를 위해 여러 나라가 협력하여 만든 경제 기관도 있다. 세계은행(The World Bank)이나 국제통화기금(IMF) 같은 국제기구는 여러 나라의 경제학자들이 모여 세계 경제를 연구하고 정책을 제안하는 역할을 맡고 있다.

대학교에서도 뜻을 같이하는 경제학자들이 연구소를 만들고 더 나은 세상을 만들기 위해 함께 연구한다. 토마 피케티와 네 명의 학자가 공동대표로 있는 파리경제대학의 '세계 불평등 연구소'나 아비지트 배너지와 에스테르 뒤플로가 함께 만든 MIT의 '빈곤 행동 연구소' 등이 대표적인 사례이다.

《가난한 사람이 더 합리적이다. Poor Economics: A Radical Rethinking of the Way
to Fight Global Poverty》, 아비지트 배너지, 에스테르 뒤플로

《경기순환론 Business Cycles》, 조지프 슘페터

《경제학 Economics》, 폴 새뮤얼슨

《고용, 이자 및 화폐에 관한 일반 이론 The General Theory of Employment, Interest
and Money》, 존 메이너드 케인스

《공동선을 위한 경제학: 인간과 자연, 공동체를 위한 새로운 경제 패러다임 For the
Common Good: Redirecting the Economy Toward Community, the
Environment, and a Sustainable Future》, 허먼 데일리, 존 캅

《나쁜 사마리아인들 Bad Samaritans》, 장하준

《맨큐의 경제학 Principles of Economics》, 그레고리 맨큐

《사다리 걷어차기 Kicking Away the Ladder》, 장하준

《성장의 한계 The Limits to Growth》, 도넬라 메도즈, 데니스 메도즈, 요르겐 랜더스,
윌리엄 베른3세

《성장의 한계: 30주년 기념 개정판 The Limits to Growth: The 30-Year Update》, 도
넬라 메도즈, 데니스 메도즈, 요르겐 랜더스

《세계 동태론 World Dynamics》, 제이 포레스터

《위험과 불확실성 및 이윤 Risk, Uncertainty, and Profit》, 프랭크 나이트

《인적 자본: 특히 교육을 중심으로 한 이론과 실증 분석 Human Capital: A Theoretical and Empirical Analysis, with Special Reference of Education》, 게리 베커

《자본주의·사회주의·민주주의 Capitalism, Socialism and Democracy》, 조지프 슘페터

《장하준의 경제학 강의 Economics, The User's Guide》, 장하준

《지속 가능한 사회를 위한 경제학, 정태경제를 향하여 Toward a Steady-State Economy》, 허먼 데일리

《차별의 경제학 The Economics of Discrimination》, 게리 베커

《프로테스탄트 윤리와 자본주의 정신 Die Protestantische Ethik und der Geist des Kapitalism》, 막스 베버

《후생 경제학 The Economics of Welfare》, 아서 세실 피구

《힘든 시대를 위한 좋은 경제학 Good Economics for Hard Times》, 아비지트 배너지, 에스테르 뒤플로

《21세기 자본 Le Capital au xxie siècle》, 토마 피케티

〈계량경제학적 정책 평가: 하나의 비판 Econometric Policy Evaluation: A Critique〉,
로버트 루카스

〈경제 규제 이론 The Theory of Economic Regulation〉, 조지 스티글러

〈기업의 본질 The Nature of the Firm〉, 로널드 해리 코스

〈레몬 시장: 품질 불확실성과 시장 구조 The Market for Lemons: Quality Uncertainty
and the Market Mechanism〉, 조지 애컬로프

〈사회 비용의 문제 The Problem of Social Cost), 로널드 해리 코스

〈영국에서의 실업과 임금 상승률 변화의 관계, 1861~1957 The Relation Between
Unemployment and the Rate of Change of Money Wage Rates in the United
Kingdom, 1861~1957〉, 윌리엄 필립스

〈정보경제학 The Economics of Information〉, 조지 스티글러

〈합리적 기대와 가격 변동 이론 Rational Expectations and the Theory of Price
Movements〉, 존 무스

1장 경제, 기본 개념은 알아야지

✦ 경제학의 아버지는 누구? 애덤 스미스

✦ 공급이 스스로 수요를 낳는다고? 장 바티스트 세

✦ 인구는 정말 폭발할까? 토머스 로버트 맬서스

✦ 자유무역은 모든 나라에 이롭다? 데이비드 리카도

✦ 정부가 무역을 통제하라고? 프리드리히 리스트

✦ 자본주의는 붕괴될 것이다? 카를 마르크스 & 프리드리히 엥겔스

2장 경제, 흐름 정도는 파악해야지

+ 시장 가격과 거래량은 어떻게 정해질까? 앨프리드 마셜

+ 왜 물보다 다이아몬드가 비쌀까? 헤르만 하인리히 고센

+ 경제를 수학으로 분석한다고? 레옹 발라

+ 왜 비쌀수록 잘 팔릴까? 소스타인 베블런

+ 환율은 어떻게 결정될까? 구스타브 카셀

+ 돈을 많이 찍으면 물가가 춤춘다? 어빙 피셔

3장 경제, 논쟁의 쟁점은 궁금해야지

+ 정부가 돈을 풀어야 경제가 산다? 존 메이너드 케인스

+ 요람에서 무덤까지 국가가 보살핀다? 윌리엄 헨리 베버리지

+ 경제는 시장에 맡겨라? 프리드리히 하이에크

+ 통화량과 금리가 가장 중요한 경제 변수다? 밀턴 프리드먼

4장 경제, 배웠으면 쓸모 있게 적용해야지

+ 경제학은 누구를 위한 학문인가? 폴 새뮤얼슨

+ 계란을 한 바구니에 담지 마라? 제임스 토빈

+ 넛지가 행동을 결정한다? 리처드 세일러

+ 지구상에서 굶주림이 사라지지 않는 이유는? 제프리 색스 & 윌리엄 이스털리

쓸모 있는 공부 04

세상에서 가장 쓸모 있는 경제학❷

초판 1쇄 발행 2026년 4월 30일

지은이 석혜원
그린이 신병근 | **함께 그린이** 선주리·조금상
펴낸이 홍보람
편집부장 이정은 | **편집** 이경희 | **외주 디자인** 신병근·선주리
마케팅 신태섭·조영행·이예현 | **관리** 이은경·박두레·정원경·김정선

펴낸곳 도서출판 풀빛 | **등록** 1979년 3월 6일 제2021-000055호
주소 07547 서울시 강서구 양천로 583, 우림블루나인 A동 21층 2110호
전화 02-363-5995(영업), 02-364-0844(편집) | **팩스** 070-4275-0445
홈페이지 www.pulbit.co.kr | **전자우편** inmun@pulbit.co.kr

©석혜원, 2026

ISBN 979-11-94636-92-2 44320
      979-11-6172-916-9 (세트)

80%
20%